Ulrich W. Hanke

Börsenstars

Methoden für
Kleinanleger,
die Großen
zu kopieren

und ihre Erfolgsrezepte

Börsenbuch verlag

Die Recherchen in diesem Buch wurden mit äußerster Sorgfalt durchgeführt. Sie sind jedoch nicht als Aufforderung zum Kauf oder Verkauf von Wertpapieren und Vermögensgegenständen zu sehen. Sie sind auch kein Ersatz für eine Anlageberatung. Eine Haftung können Verlag und Autor nicht übernehmen.

Copyright der deutschen Ausgabe 2016:
© Börsenmedien AG, Kulmbach

Gestaltung Cover: Holger Schiffelholz
Gestaltung und Satz: Sabrina Slopek
Herstellung: Daniela Freitag
Lektorat: Claus Rosenkranz
Druck: CPI – Ebner & Spiegel, Ulm

ISBN 978-3-86470-378-2

Bibliografische Information der Deutschen Nationalbibliothek:
Die Deutsche Nationalbibliothek verzeichnet diese Publikation in der
Deutschen Nationalbibliografie; detaillierte bibliografische Daten
sind im Internet über <http://dnb.d-nb.de> abrufbar.

BÖRSEN ⚡ MEDIEN
AKTIENGESELLSCHAFT

Postfach 1449 · 95305 Kulmbach
Tel: +49 9221 9051-0 · Fax: +49 9221 9051-4444
E-Mail: buecher@boersenmedien.de
www.boersenbuchverlag.de
www.facebook.com/boersenbuchverlag

Dieses Buch ist meinen Eltern Dietlind und
Hans-Jürgen sowie meiner Frau Stephanie
gewidmet, die mich immer tatkräftig
unterstützt haben und unterstützen.

Inhalt

Prolog

Im Jahr 2008, noch vor der Pleite der US-Investmentbank Lehman Brothers, schrieb ein Kollege von mir in Zürich eine Titelgeschichte mit der Überschrift „Anlegen mit der Erfolgsformel". Auf dem Cover der Zeitschrift abgebildet war eine Schiefertafel, auf der mit Kreide einige mathematische Formeln geschrieben standen. Diese hatten natürlich nichts mit der selbst erfundenen „Erfolgsformel" zu tun und es hagelte allein schon deshalb böse Leserbriefe. Noch unglaublicher war jedoch die Tatsache, dass die Kriterien für die Aktienauswahl in der Titelgeschichte und die Erfolgsformel darin willkürlich zusammengewürfelt, redundant und teilweise sogar unbedeutend waren. Im Gegensatz zu klassischen Anlagestrategien, die im wahrsten Sinne des Wortes System haben, war die vermeintliche Erfolgsformel keinem Backtesting, keinem Vergleich mit historischen Daten, unterzogen worden und hatte auch sonst nichts mit einem systematischen Vorgehen gemeinsam. So kann man natürlich nicht erfolgreich bei der Geldanlage und auch nicht am Kiosk sein.

Viel besser und dazu noch einfacher geht es, indem man sich an die erfolgreichsten Investoren der Welt hält. Diese Börsenstars haben – mit einer Ausnahme – allesamt Bücher geschrieben, in denen sie ihre Vorgehensweisen mehr oder weniger detailliert festgehalten haben. Als Vielleser und früherer Autor des Finanzbuch-Blogs *hankes-boersen-bibliothek.de* habe ich sie alle gelesen.[*] Die Rede ist von Benjamin Graham,

---

[*] Siehe auch Hanke, Ulrich W.: Börsenwissen kompakt – Das Beste aus Hankes Börsen-Bibliothek, Bloggingbooks, 2012

Peter Lynch oder auch Joel Greenblatt. Einzig und allein Warren Buffett hat kein eigenes Buch verfasst. Dafür informiert das „Orakel von Omaha" die Aktionäre seiner Investmentholding Berkshire Hathaway einmal im Jahr mit einem Brief über seine Anlagepolitik. Zudem hat Buffetts Ex-Schwiegertochter Mary Buffett mit David Clark, einem Freund der Familie Buffett, wie viele andere Autoren auch über den Anlagestil des erfolgreichsten Investors der Welt geschrieben. „Buffettology" heißt das beste Buch des Duos – mein Lieblingsbuch.

Warum machen wir es also nicht wie die Chinesen? Kopieren wir doch einfach die Besten der Besten. Wer sich deren Stile erfolgreich angeeignet hat, kann später auch eigene Wege gehen und überflügelt die Börsengurus vielleicht sogar irgendwann einmal – ist also am Ende keine Kopie mehr, sondern ein Original. Wichtig ist dabei die Disziplin, an seiner Strategie festzuhalten, auch wenn sie einmal nicht funktioniert. Nur so stellen Sie, liebe Anlegerinnen und Anleger, sicher, dass Sie noch nach Ihrer Anlagestrategie handeln, wenn sich diese nach einer Verschnaufpause wieder auszahlen sollte.

Ich gebe Ihnen mit diesem Buch konkrete Checklisten an die Hand, mit denen Sie Schritt für Schritt gute Aktien aus der heutigen Masse an Möglichkeiten herausfiltern können. Wenn Sie die Spreu vom Weizen getrennt haben, dann können Sie im nächsten Schritt auch schon die Ernte einfahren, wie die Börsenstars. Nicht jede Strategie eignet sich dabei für jeden Anlegertyp. Suchen Sie sich ein Erfolgsrezept heraus, das zu Ihnen passt. Und wenden Sie dieses nicht statisch an. Ein Set mit Kennzahlen kann Ihnen bei der ersten Auswahl, beim Filtern helfen. Letztendlich müssen Sie in den meisten Fällen dann aber doch noch alles zu einem Unternehmen lesen, in den Geschäftsbericht eintauchen und das Geschäftsmodell bewerten. Das kann Ihnen leider niemand abnehmen. Ohne Fleiß kein Preis. Wer Ihnen dagegen leicht verdientes Geld verspricht, der kann sein Versprechen mit Sicherheit nicht halten.

In meinem digitalen Anlegermagazin *boersianer.info* verfolge ich zurzeit fünf verschiedene Ansätze, nach denen ich sehr erfolgreiche Musterdepots gebildet habe. Neben einer Fondsauswahl geht es um eine Dividendenstrategie, Value-Investing (substanzorientierte Geldanlage) und Trendfolge sowie ein Portfolio mit Aktien, deren Kurse weniger stark schwanken (also eine geringe Volatilität aufweisen). Auch diese Strategien beruhen auf den Erkenntnissen der ganz Großen wie Warren Buffett oder Michael O'Higgins, dem Erfinder der Dividendenstrategie, oder James O'Shaughnessy, der Technische mit fundamentaler Analyse kombiniert.

Ihr Ulrich W. Hanke
Frankfurt am Main, im Frühjahr 2016

Einleitung

Die großen Börsenstars wie Warren Buffett, Peter Lynch oder Ken Fisher stammen allesamt aus den USA oder zumindest wie im Falle des Kanadiers David Dreman aus Nordamerika. Warum ist das eigentlich so?

Vielleicht, weil die USA das Land des Kapitalismus sind. Vielleicht, weil die New Yorker Wall Street die Weltbörse Nummer 1 ist. Vielleicht auch, weil die Amerikaner wie keine andere Nation für ihr Alter selbst vorsorgen und Vorbilder brauchen. Vielleicht doch nur einfach, weil sie die Wirtschaftssprache Englisch beherrschen, es mit rund 320 Millionen so viele US-Amerikaner gibt und sie auch im Sport die meisten Weltstars haben. Bislang ist mir noch keine wissenschaftliche Studie untergekommen, die den Grund dafür untersucht hat.

Ich beschränke mich in diesem Buch auf die meiner Meinung nach zwölf wichtigsten und erfolgreichsten Börsenstars aus Übersee und stelle Ihnen sozusagen als Extra-Bonbon noch drei deutsche Börsengurus vor, die sich sicher das eine oder andere bei den US-Stars abgeschaut haben. Alle Börsenstars investieren mehr oder weniger international und ihre Konzepte sind natürlich weltweit anwendbar. Sie brauchen also keine Angst zu haben, in diesem Buch ginge es nur um den US-Finanzmarkt und US-Aktien. Eine Einschränkung gibt es aber tatsächlich, und zwar eine äußerst sinnvolle: die Anlageklassen. Es dreht sich hier alles um Aktien, denn Aktien sind die erfolgreichste Anlageklasse der Welt und bislang auch aller Zeiten. Und daran wird sich mit größter Wahrscheinlichkeit auch nichts ändern.

Um Ihnen die Orientierung zu erleichtern, habe ich die Erfolgsrezepte aller Börsenstars nach verschiedenen Kategorien eingestuft. So können Sie noch leichter die Methode finden, die am besten zu Ihnen passt. Denn Sie sollten nur eine Strategie verfolgen, mit der Sie sich identifizieren können.

Meine Kategorisierung: Für wen eignet sich eine Strategie?

- **Anlegertyp:** Anfänger/Fortgeschrittene/Profis sowie risikoarm/risikobewusst/risikoreich

- **Anlageart:** substanzorientiert/wachstumsorientiert sowie antizyklisch/trendfolgend und qualitativ/quantitativ

- **Anlagehorizont:** mittelfristig/langfristig/sehr langfristig sowie 6 bis 18/18 bis 36/36 bis 60 Monate

- **Aufwand:** gering/mittel/hoch sowie 1 bis 2/2 bis 4/6 bis 8 Stunden pro Woche

Es handelt sich insbesondere beim Aufwand natürlich um reine Schätzwerte. Ein kurzfristiger Anlagehorizont fehlt übrigens ganz bewusst. Auf den nächsten Seiten folgen noch einige Zeilen zu meiner Person und zu den wichtigsten Kennzahlen, die Sie kennen sollten, um die Erfolgsrezepte anwenden zu können.

Ihr Buchautor
Ulrich W. Hanke

Es gebührt sich, nicht zuletzt der Höflichkeit wegen, dass ich mich Ihnen kurz vorstelle. Ich heiße Ulrich W. Hanke und habe für Sie in diesem Buch meine Lieblingsrezepte für die erfolgreiche Geldanlage zusammengetragen, inklusive aller Zutaten, Portionsangaben und Garzeiten sowie Porträts der Spitzenköche, um im Bild zu bleiben. Im Laufe der Recherche zu diesem Buch bin ich immer wieder darauf gestoßen, dass sich die Börsenstars in ihren Bücher eingangs vorstellen oder zumindest lehrreiche Anekdoten aus ihrem Leben erzählen. Das hat mir nicht nur gut gefallen, es hat mir auch geholfen. Denn um eine Anlagestrategie wirklich zu verinnerlichen, muss man den Strategen dahinter, die Person, die sie aufgestellt hat, verstehen. Ich stelle in diesem Buch zwar die Erfolgsrezepte anderer vor, aber immer aus meiner Sicht, durch meine sprichwörtliche persönliche Brille, nach meiner Interpretation. Deshalb, so hoffe ich, kann ich Ihnen mit den folgenden Zeilen einen kurzen Eindruck vermitteln, wer ich bin, was ich bisher erlebt habe, wie ich ticke und wie meine Brille gefärbt ist.

Wenn ich ehrlich bin, kann ich Ihnen gar nicht genau erklären, wie mein Interesse an den Finanzmärkten geweckt wurde. Seinen Anteil daran hat sicherlich mein Vater, der bei der Dresdner Bank im EDV-Bereich arbeitete. Die Beraterbank mit dem grünen Band der Sympathie, so hieß damals ein Werbeslogan, ist mittlerweile ja bekanntlich in der Commerzbank aufgegangen. Ich erinnere mich daran, dass ich als Kleinkind im Rechenzentrum im silbernen Jürgen-Ponto-Turm einmal einen Ausdruck holen durfte, den ich zuvor am Terminal meines Vaters in Auftrag gegeben hatte. Einen Weihnachtsbaum aus verschiedenen Reihen mit dem Buchstaben X, von einem Nadeldrucker auf Endlospapier gedruckt. Das war vor der Zeit von Personal Computern, dem Internet oder gar dem Smartphone, als es noch riesige Computer und Telefone mit Wählscheiben gab. Sehr pflichtbewusst brachte ich auch mein erspartes Kleingeld, oft fast mein ganzes Taschengeld zur Frankfurter Sparkasse von 1822, um es dort selbst in Rollen zu wickeln und auf meinem Sparbuch gutschreiben zu lassen. Ich war schon als Kind ein sparsamer Mensch und freute mich über Zinsen.

Mitte 1988 wurde der deutsche Leitindex DAX geboren. Mein vier Jahre älterer Bruder verschlang wenig später wissbegierig die ersten TV-Sendungen vom Börsenparkett und die ersten Anlegermagazine in Deutschland. Er landete später ebenfalls in der Finanzbranche, als Steuerexperte im Immobiliensektor. Meine Mutter, die mich 1977 in Frankfurt zur Welt brachte, las und liest noch heute die *FAZ*, deren Finanzmarktteil ich immer in die Hand bekam. Ich studierte ab 1996 – da warb der Schauspieler Manfred Krug gerade für die T-Aktie – Betriebswirtschaftslehre an der FH Frankfurt zwar in der Bankenmetropole am Main, war aber zunächst nicht mit dem Finanzvirus infiziert. Meine Studienschwerpunkte waren Personalwesen und Marketing, bevor ich mich entschied, Personalwesen durch Finanzdienstleistungen zu ersetzen. Dadurch verlor ich sogar ein Semester. Damals dachte ich jedoch, ich sollte meinen Schwerpunkt lieber dort setzen, wo es später am meisten Geld zu verdienen gibt. Ich begann mich für die Finanzmärkte zu interessieren und investierte kleine Beträge meines Ersparten an der Börse. Ordergebühren bekam ich zurückerstattet, weil mein Konto über meinen Vater lief, der als Angestellter bei der Dresdner Bank Sonderkonditionen erhielt. Der Neue Markt und die Dotcom-Firmen boomten. Ich verlor später glücklicherweise nur wenig meines Ersparten. 1999 arbeitete ich dann im Rahmen meines Studiums ein halbes Jahr lang für die genossenschaftliche Fondsgesellschaft Union Investment in einer überaus interessanten Abteilung, dem Asset Management Development.

Mein geschätzter Mentor, der Abteilungsleiter Nicolás Ebhardt, schickte mir zur Vorbereitung das Buch „Wertpapiermanagement: Professionelle Wertpapieranalyse und Portfoliostrukturierung" von Manfred Steiner und Christoph Bruns. Letzterer leitete seinerzeit das Aktienfondsmanagement bei Union Investment. Im Gegensatz zu anderen Fondsmanagern aus dem Rentenbereich behandelte Bruns mich als Praktikant nicht wie einen ebensolchen, herablassend, sondern wie einen ebenbürtigen Festangestellten auf Augenhöhe. Ich erinnere mich, dass er jeden auf dem Gang – auch mich – mit Namen begrüßte und dem Geschäftsführer im Aufzug auf die Schnelle eine Einschätzung zum DAX gab, wenn er danach fragte. Meine Abteilung war erst im Entstehen begriffen. Sie sollte zwischen Kunden und Fondsmanagement geschaltet werden. Man ging davon aus, dass das Geschäft von Union Investment stark wachsen würde, was es dann später auch tat, und die Fondsmanager sollten nicht ständig mit Fragen der Kundschaft konfrontiert werden. Mein Projekt hieß Anlageausschusssitzungen und an dessen Ende hatte ich für eine neue Kollegin alle nötigen Voraussetzungen für deren Job geschaffen. Mir verhalf das Praktikum wiederum zu Einblicken in sämtliche Bereiche – eine Win-win-Situation für alle Beteiligten und ein Glücksfall für mich.

Damals hatte ich noch nicht so sehr verinnerlicht, dass viele Fondsmanager, die nicht besser als der Gesamtmarkt abschneiden, ihr Gehalt eigentlich gar nicht wert sind.

Mein Professor Karl-Heinz Schlotthauer war lange Zeit als Geschäftsführer von Helaba Trust tätig, bevor er in den Staatsdienst wechselte. Er riet mir dazu, meinen Weg im Finanzbereich fortzusetzen. Ich schrieb meine Diplomarbeit also zu dem Thema „Geschäftsplanung am Beispiel eines Vermögensberaters".[*] So konnte ich mein Wunschthema (Businesspläne) mit dem Wunschthema meines Professors verbinden. Mir war allerdings schon zu jener Zeit bewusst, dass ich im Anschluss nicht sofort Vermögensberater hätte werden können. Wer hätte sein Geld schon einem jungen Mann im Alter von 24 Jahren ohne nennenswerte Berufserfahrung anvertraut. Also schlug ich nach meinem Abschluss zum Diplom-Betriebswirt einen anderen Weg ein.

---

[*] Leicht abgewandelt auch als CD-ROM, siehe Hanke, Ulrich W.: Geschäftsplanung am Beispiel eines Vermögensberaters, Tectum Verlag, 2001

Eher durch Zufall kam ich zur Finanzzeitschrift *Die Telebörse*, die den Namen der bekannten TV-Sendung trug. Dort arbeitete ich als Aushilfe in der Dokumentation und Schlussredaktion. Und dort erlebte ich auch das erste Mal den Niedergang der Medien live mit. Als ich eines Tages im Juli 2002 zu meiner üblichen Anfangszeit am Mittag vor der Tür stand, ließ mich niemand hinein (als Aushilfe hatte ich keine Zugangskarte). Später verkündete der Chefredakteur Roland Tichy, der sichtlich mit den Tränen zu kämpfen hatte, dass das Anlegermagazin eingestellt wird – und zwar schon mit der nächsten Ausgabe. Von da an sicherten sich die Kollegen aus der Redaktion ihre Kontaktdaten und telefonierten auf der Suche nach einem neuen Job herum oder schauten einfach nur Fernsehen. Nach den Terroranschlägen vom 11. September 2001 waren Fernsehmonitore in den Redaktionsräumen die Regel. Wirklich gearbeitet hat niemand mehr, wer wollte es den Kollegen verdenken. Ich betrachtete aber leider nicht das große Ganze, sonst hätte ich die Probleme der Medienbranche vielleicht schon seinerzeit erkannt, sondern ich wollte nun unbedingt Finanzjournalist werden. Denn im Gegensatz zur Arbeitsatmosphäre bei einer Fondsgesellschaft, wie ich sie kennengelernt hatte, ging es in einer Zeitschriftenredaktion viel kollegialer zu (dachte ich zumindest zu jener Zeit). Der blaue Nadelstreifenanzug war ebenso keine Pflicht wie eine frische Rasur. Und ich trage gerne einen Dreitagebart ...

Sowohl Roland Tichy sollte ich später nochmals begegnen als auch erneut das Aus einer Zeitung hautnah erleben. Ich arbeitete als freiberuflicher, in der Regel schlecht bezahlter Journalist für zahlreiche Medien, absolvierte unbezahlte Praktika etwa bei *Focus Money* in München – immer mit dem Drang, möglichst schnell das aufzuholen, was andere vielleicht dadurch schon erreicht hatten, dass sie in jungen Jahren für ihre Schülerzeitung schrieben. Es war dieser Drang, der mich vermutlich schnell zu einem sehr guten Schreiber machte. Da ich aber sehr selbstkritisch bin, war mir das lange nicht klar. Ich zog für meinen Traum vom Journalismus vom Main in die strukturschwächste Gegend von Mecklenburg-Vorpommern und ging danach in die Schweiz nach Zürich. Dort arbeitete ich für das Anlegermagazin *stocks* von Axel Springer und übernahm unter anderem den Bereich Rohstoffe und Minen-Aktien –

völliges Neuland für mich. Ich war mir aber bewusst, dass Leser der Zeitschrift ihr hart verdientes und gespartes Geld – womöglich ausschließlich – aufgrund meiner Berichte investieren würden. Also sah ich mich in der Pflicht, mich möglichst schnell in das Thema einzuarbeiten und gute Ratschläge zu geben. In der Regel las ich nach Dienstschluss um 19 Uhr noch vier Stunden lang auf dem heimischen Sofa Bücher in englischer Sprache zum Thema Commodities oder Geschäftsberichte, aber auch allgemeine Finanzliteratur. Meine Anlageempfehlungen entwickelten sich sehr gut. Ich schrieb fast jede zweite Titelgeschichte und fuhr sinnbildlich auf vollen Touren mit 200 Stundenkilometern.

Dann wechselte ich zwei Wochen vor der Pleite der US-Investmentbank Lehman Brothers aus persönlichen Gründen von Zürich nach Düsseldorf zur *WirtschaftsWoche* (*Wiwo*) – auf der einen Seite ein geniales Timing, da ein späterer Wechsel wohl ausgeschlossen gewesen wäre, auf der anderen Seite kein gutes Timing. Des guten Namens der renommierten Zeitschrift wegen ließ ich mich nämlich darauf ein, im Nachrichtenressort und nicht im Finanzressort eine Stelle anzutreten. Ich wurde auf 30 Stundenkilometer heruntergebremst. Die Finanzkrise verhagelte daraufhin meinen Plan, schnell intern das Ressort zu wechseln. Entlassungen im Verlag folgten. Zertifikaten, denen ich schon vorher skeptisch gegenüberstand, waren nicht mehr salonfähig. Das beherrschende Thema war die Subprime-, Finanz-, Euro-, Schulden- und Wirtschaftskrise. Immerhin, ich erhielt einen Journalistenpreis für eine Titelgeschichte, die ich noch in Zürich geschrieben hatte.

Privat beschäftigte ich mich nun mit Finanzgeschichte und historischen Wertpapieren. Irgendwann bloggte ich dann neben dem Tagesgeschäft mit exklusiven Nachrichten bei der *Wiwo* noch zu den Finanzmärkten und Finanzbüchern („Hankes Börsen-Bibliothek"). Viele davon hatte ich bereits in der Schweiz gelesen. In der Regel war dies eine Freizeitbeschäftigung außerhalb der normalen Arbeitszeiten. Nach nur wenigen Blogbeiträgen überflügelte ich bereits Chefredakteur Roland Tichy mit Klicks und Leserzahlen. Irgendwann bot man mir daraufhin doch eine Stelle im Finanzressort an, da hatte ich mich aber schon bei Gruner + Jahr (G+J) beworben und eine Zusage als Redakteur für *Capital*, *Börse Online* und *Financial Times Deutschland* (*FTD*) erhalten und angenommen. Dummerweise beschloss G+J nur 33 Arbeitstage nach meinem Antritt, diesmal in Frankfurt, alle 400 Mitarbeiter zu entlassen und die *FTD* einzustellen. Einen Einstellungsstopp kannte man wohl bei G+J nicht und so blieb mir dieses zweite hautnahe Erlebnis einer Medienpleite nicht erspart. Nach einer kurzen Findungsphase machte ich mich daraufhin schließlich mit meinem eigenen Anlegermagazin *boersianer.info* selbstständig. Darin verspreche ich keine exorbitanten Renditen, empfehle keine Hebelprodukte oder fragwürdige Nebenwerte, deren Kurse leicht zu manipulieren sind. Es geht mir um seriöse, konservative, ehrliche und vor allem erfolgreiche Geldanlage – darin sehe ich den Nutzen für den Leser, der immer im Mittelpunkt stehen sollte. Umsetzen kann man dies meiner Meinung nach am besten mit einer Aktienstrategie, einem Erfolgsrezept, wie es die Börsenstars verwenden.

Die nötige Disziplin, die man braucht, um (s)ein Ziel sowohl im Journalismus als auch bei der Geldanlage zu erreichen, verdanke ich wohl dem Leistungssport. Ich war mehrfacher Hessenmeister im Rudern, trainierte zu meiner Spitzenzeit elf Mal in der Woche. Später machte ich noch einen Ausflug in die Leichtathletik und versuchte mich in 200- und 400-Meter-Sprints. Die Stadionrunde schaffte ich in meinem zweiten Sportlerleben immerhin in 52 Sekunden. Wie sagten schon die Römer: „Mens sana in corpore sano" (sinngemäß: „In jedem gesunden Körper steckt auch ein gesunder Geist"). Heute lasse ich es etwas ruhiger angehen und wenn es die Zeit erlaubt, verbessere ich meine Technik beim Bowlingspielen oder gehe mit dem Hund spazieren.

> » An der Börse sind 2 mal 2
> niemals 4, sondern 5 minus 1.
> Man muss nur die Nerven haben,
> das minus 1 auszuhalten.«
>
> André Kostolany, 1990er-Jahre

Kennzahlen kurz erklärt

Die Erfolgsrezepte in diesem Buch basieren auf Kennzahlen. Ohne das Studium dieser Zahlen geht es leider nicht. Vorab stelle ich Ihnen deshalb die gängigsten und wichtigsten Kennzahlen vor. Fortgeschrittene und Profis können diesen Abschnitt natürlich überspringen, wenn sie beispielsweise wissen, was KGV oder PEG bedeutet und welche Werte dabei auf eine Unterbewertung hindeuten.

Eine alte Kaufmannsregel besagt: Im Einkauf liegt der Gewinn. Kaufen Sie also ein Schnäppchen, machen Sie beim Verkauf sicherlich Gewinn. Darum ist es so wichtig, zu erkennen, wann eine Aktie teuer und wann günstig ist. Der Aktienkurs allein verrät dies leider nicht, sondern Kennzahlen, die den Kurs ins Verhältnis zu anderen Größen setzen.

Warum ist das so? Stellen Sie sich zwei Unternehmen A und B vor. Unternehmen A gibt in unserem Beispiel zwei Aktien heraus. Wer diese beiden Aktien besitzt, dem gehört das ganze Unternehmen A. Unternehmen B gibt 100 Aktien heraus. Eine Aktie bei B verbrieft also ein Prozent von B, während es bei einer A-Aktie 50 Prozent von A sind. Notieren nun sowohl die A- als auch die B-Aktie bei einem Kurs von 100 Euro, wäre Unternehmen A an der Börse mit 200 Euro bewertet und Unternehmen B mit 10.000 Euro. Obwohl also beide Aktien 100 Euro an der Börse kosten, ihr Kurs bei 100 Euro notiert, ist ihr Wert ein völlig anderer. Erfahrene Anleger wissen dies natürlich, müssen es sich aber auch immer wieder vor Augen führen. Denn selbst langjährige Börsianer fallen manchmal auf Kurskosmetik herein. Führt ein Unternehmen beispielsweise einen Aktiensplit durch, dann will es damit den Aktienkurs für eine einzelne Aktie günstiger aussehen lassen. Bei einem Aktiensplit werden aus einer Aktie beispielsweise einfach fünf oder zehn Aktien, die gesamte Aktienanzahl erhöht sich und der Aktienkurs wird entsprechend prozentual verringert.

Die Bewertung einer Aktie im Verhältnis zu einer anderen Größe wie beispielsweise dem Gewinn des Unternehmens können Anleger entweder mit dem Gesamtmarkt, dem Sektor beziehungsweise der Branche oder der Bewertungshistorie der Aktie vergleichen. Zur ersten Orientierung stelle ich Ihnen nun ein paar Formeln sowie allgemeingültige Werte vor, die für ein Investment sprechen können.

Die gängigste Kennzahl in der Finanzanalyse ist zweifelsohne das Kurs-Gewinn-Verhältnis, kurz KGV oder im englischen Price-Earnings-Ratio (PER, PE oder P/E). Dividieren Sie den Aktienkurs durch den Gewinn je Aktie, erhalten Sie das aktuelle KGV. Sie können auch den Börsenwert, die Marktkapitalisierung (Aktienkurs multipliziert mit der Aktienanzahl), durch den Jahresgewinn des Unternehmens teilen.

$$\textbf{Kurs-Gewinn-Verhältnis (KGV)} = \frac{\textbf{Aktienkurs}}{\textbf{Gewinn je Aktie}}$$

Als guter Wert gilt generell ein KGV von unter 10. Oft werden auch die zukünftigen Gewinne von Analysten geschätzt und als Maßstab herangezogen. Das erkennen Sie in der Regel daran, dass dem KGV ein kleines „e" für „erwartet" folgt. Das KGVe, wie die Kennzahl KGV überhaupt, ist mit Vorsicht zu genießen. Zum einen verwenden sehr viele Anleger das KGV, was es deutlich unattraktiver macht, wenn man nach Schnäppchen sucht. Zum anderen ist der Gewinn bilanztechnisch leicht zu manipulieren. Wer sich auf geschätzte Zahlen verlässt, sollte überprüfen, woher diese stammen. In der Regel sind es Sell-Side-Analysten, die Schätzungen abgeben, die der Allgemeinheit zur Verfügung stehen. Diese können sich in einem Interessenkonflikt befinden, weil sie Analysen zu Aktien schreiben, die ihr Arbeitgeber auf der anderen Seite verkaufen will. Zur

Berechnung ziehen Börsianer den Gewinn je Aktie (Earnings per Share, EPS) heran. Sowohl KGV als auch EPS und andere Kennzahlen finden Sie in der Regel bei Börsenportalen oder in Zeitschriften und Zeitungen angegeben und müssen sie nicht selbst errechnen.

Großer Beliebtheit erfreut sich derzeit ebenso die Dividendenrendite. Aufgrund der niedrigen Zinsen bei Anleihen wird die Dividende, die Gewinnausschüttung eines Unternehmens, bereits als „der neue Zins" bezeichnet. Die Dividendenrendite errechnet sich, indem Sie die Dividende je Aktie durch den Aktienkurs teilen und mit 100 Prozent multiplizieren.

$$\text{Dividendenrendite} = \frac{\text{Dividende je Aktie}}{\text{Aktienkurs}} \times 100\%$$

Bei vier bis fünf Prozent spricht man von einer hohen Dividendenrendite. Lassen Sie sich nicht von extrem hohen Werten blenden. Diese haben oft einmalig auftretende Ursachen. Wichtig ist vielmehr, wie nachhaltig die Dividendenzahlung ist. Interessant kann auch das jährliche Wachstum der Gewinnausschüttung sein.

Sehr aussagekräftig sind ebenso die Eigenkapitalquote und die Eigenkapitalrendite. Diese müssen aber immer im Verbund betrachtet werden. Die Eigenkapitalquote gibt an, wie hoch die eigenen Mittel im Vergleich zum Fremdkapital, zu geliehenem Geld, sind. Berechnet wird sie, indem Sie das Eigenkapital durch das Gesamtkapital teilen und mit 100 Prozent multiplizieren.

$$\text{Eigenkapitalquote} = \frac{\text{Eigenkapital}}{\text{Gesamtkapital}} \times 100\%$$

Als Richtwert seien hier 30 Prozent genannt. Die Eigenkapitalrendite, auch Return on Equity (ROE), setzt den Gewinn (oft den Vorsteuergewinn,

EBIT, für Earnings Before Interest and Taxes) ins Verhältnis zum Eigen-kapital. Der Gewinn geteilt durch das Eigenkapital multipliziert mit 100 Prozent sollte mindestens 15 Prozent betragen.

$$\text{Eigenkapitalrendite} = \frac{\text{Gewinn}}{\text{Eigenkapital}} \times 100\%$$

Ist die Eigenkapitalquote sehr gering, verliert die Eigenkapitalrendite allerdings ihre Aussagekraft, da das Eigenkapital im Nenner steht!

Es gibt bekannte Unternehmen, Markenhersteller, Marktführer und Monopolinhaber, die anhand des KGV teuer erscheinen. Für diese ist das dynamische KGV, auch Price/Earnings to Growth-Ratio (PEG), wo-möglich ein besserer Maßstab. Es errechnet sich aus der Division von KGV und geschätztem künftigem Gewinnwachstum. Werte, die kleiner als 1 sind, gelten als gut.

$$\text{Dynamisches KGV} = \frac{\text{Kurs-Gewinn-Verhältnis}}{\text{geschätztes Gewinnwachstum}}$$

Wer nun meiner Argumentation folgt und vom KGV nichts hält, der betrachtet lieber das Kurs-Buchwert-Verhältnis (KBV, Price/Book, P/B), das Kurs-Umsatz-Verhältnis (KUV, Price/Sales, P/S) und das Kurs-Cash-flow-Verhältnis (KCV, Price/Cashflow, P/CF). Dabei vergleichen wir jeweils die Marktkapitalisierung mit dem Buchwert, Umsatz und Cashflow (den liquiden Mitteln) des Unternehmens oder den Aktienkurs mit dem Buchwert, dem Umsatz und dem Cashflow je Aktie. Gute Werte beim KBV liegen unter 2. Unter 1 ist das Unternehmen an der Börse weniger wert als seine in der Bilanz ausgewiesenen eigenen Mittel (Werte für Gebäude, Grundstücke und anderes). Das hat dann seine Gründe – und ist nicht immer ein Kaufsignal. Ein gutes KUV liegt unter 1,5 und ein attraktives KCV unter 10.

$$\text{Kurs-Buchwert-Verhältnis (KBV)} = \frac{\text{Marktkapitalisierung}}{\text{Buchwert}}$$

$$\text{Kurs-Umsatz-Verhältnis (KUV)} = \frac{\text{Marktkapitalisierung}}{\text{Umsatz}}$$

$$\text{Kurs-Cashflow-Verhältnis (KCV)} = \frac{\text{Marktkapitalisierung}}{\text{Cashflow}}$$

Das Current Ratio (Liquidität dritten Grades) ist eine weitere gern betrachtete Kennzahl. Es setzt das Umlaufvermögen mit den kurzfristigen Verbindlichkeiten ins Verhältnis und sollte größer als 2 oder mindestens 1,2 sein.

$$\text{Liquidität dritten Grades} = \frac{\text{Umlaufvermögen}}{\text{kurzfristige Verbindlichkeiten}}$$

Abseits von Bilanz, Gewinn- und Verlustrechnung sowie Kapitalflussrechnung gibt es eine ganze Reihe von Kennzahlen, die sich allein auf den Aktienkurs konzentrieren. Die Volatilität ist eine solche Kennzahl, sie gibt die Schwankungsbreite eines Aktienkurses an. Die Relative Stärke nach Robert Levy (RSL) ist ein weiterer Indikator. Er misst das Momentum, den Trend einer Aktie. James O'Shaughnessy (siehe Kapitel 9) und Uwe Lang (siehe Kapitel 14) – mit leichter Abwandlung – verwenden die Kennzahl.

$$\text{Relative Stärke nach Levy (RSL)} = \frac{\text{Aktienkurs}}{\text{26-Wochen-Ø des Aktienkurses}} \times 100$$

Sämtliche Finanzkennzahlen aufzuführen würde den Rahmen dieses Buches sprengen, im Folgenden finden Sie jedoch eine hilfreiche Liste der wichtigsten Kennziffern. Damit sind Sie gut gerüstet.

Gängige Kennzahlen

Liquidität

Eigenkapitalquote	$\dfrac{\text{Eigenkapital}}{\text{Gesamtkapital}} \times 100\,\%$
Fremdkapitalquote	$\dfrac{\text{Fremdkapital}}{\text{Gesamtkapital}} \times 100\,\%$
Verschuldungskoeffizient	$\dfrac{\text{Fremdkapital}}{\text{Eigenkapital}} \times 100\,\%$
Dynamischer Verschuldungsgrad	$\dfrac{\text{Nettoverschuldung}}{\text{Freier Cashflow}}$
Liquidität 2. Grades	$\dfrac{(\text{Umlaufvermögen - Vorräte})}{\text{Kurzfristige Verbindlichkeiten}}$
Liquidität 3. Grades, Current Ratio	$\dfrac{\text{Umlaufvermögen}}{\text{Kurzfristige Verbindlichkeiten}}$
Vermögensstruktur	$\dfrac{\text{Anlagevermögen}}{\text{Umlaufvermögen}} \times 100\,\%$
Anlagenintensität	$\dfrac{\text{Anlagevermögen}}{\text{Gesamtvermögen}} \times 100\,\%$
Umlaufintensität	$\dfrac{\text{Umlaufvermögen}}{\text{Gesamtvermögen}} \times 100\,\%$

Gesamtkapital: Eigenkapital + Fremdkapital

Nettoverschuldung: Zinstragendes Fremdkapital - Liquides Vermögen - Wertpapiere des Umlaufvermögens

Freier Cashflow: Operativer Cashflow - Investitionen + Desinvestitionen

Gängige Kennzahlen

Profitabilität

EBIT-Marge	$\dfrac{\text{EBIT}}{\text{Umsatz}} \times 100\,\%$
EBITDA-Marge	$\dfrac{\text{EBITDA}}{\text{Umsatz}} \times 100\,\%$
Rohertragsmarge	$\dfrac{\text{Bruttoergebnis}}{\text{Umsatz}} \times 100\,\%$
Gesamtkapitalrendite, Return on Assets (ROA)	$\dfrac{(\text{Jahresüberschuss + Steuern + Fremdkapitalzinsen})}{(\text{Eigenkapital + Fremdkapital})} \times 100\,\%$
Eigenkapitalrendite, Return on Equity (ROE)	$\dfrac{(\text{Jahresüberschuss} \pm \text{Außerordentliches Ergebnis})}{\text{Eigenkapital}} \times 100\,\%$
Umsatzrendite, Return on Sales (ROS)	$\dfrac{\text{Gewinn}}{\text{Umsatz}} \times 100\,\%$
Kapitalrentabilität, Return on Investment (ROI)	$\dfrac{\text{Umsatzrentabilität x}}{\text{Umschlaghäufigkeit}} = \dfrac{\text{Gewinn}}{\text{Umsatz}} \times \dfrac{\text{Umsatz}}{\text{Gesamtkapital}} \times 100\,\%$
Cashflow-Marge	$\dfrac{\text{Cashflow aus operativer Tätigkeit}}{\text{Umsatz}} \times 100\,\%$
Gesamtkapital-umschlag	$\dfrac{\text{Umsatz}}{\text{Gesamtkapital}}$

EBIT: Earnings Before Interest and Taxes, Gewinn vor Zinsen und Steuern

EBITDA: Earnings Before Interest, Taxes, Depreciation and Amortization, Ergebnis vor Zinsen, Steuern, und Abschreibungen auf Sachanlagen und immaterielle Vermögengegenstände

Gängige Kennzahlen

Kapitalmarkt	
Gewinn je Aktie, unverwässert	(Jahresüberschuss ± Außerordentliches Ergebnis - Vorzugsdividenden) / Anzahl ausstehender Stammaktien
Gewinn je Aktie (EPS), verwässert	(Jahresüberschuss ± Außerordentliches Ergebnis - Vorzugsdividenden + Zinsaufwand für Wandelanleihen) / (Anzahl ausstehender Stammaktien + gewandelte Aktien)
Kurs-Gewinn-Verhältnis (KGV)	Aktienkurs / Gewinn je Aktie, verwässert
Dynamisches KGV, PEG	KGV / geschätztes Gewinnwachstum
EBITDA je Aktie	EBITDA / Anzahl der ausstehenden Stammaktien
Cashflow je Aktie	Cashflow aus operativer Tätigkeit / Anzahl der ausstehenden Stammaktien
Marktkapitalisierung, auch Börsenwert	Anzahl der ausstehenden Stammaktien x Aktienkurs
Kurs-Cash-flow-Verhältnis (KCV)	Marktkapitalisierung / Cashflow aus operativer Tätigkeit
Kurs-Umsatz-Verhältnis (KUV)	Marktkapitalisierung / Umsatz
Kurs-Buch-wert-Verhältnis (KBV)	Marktkapitalisierung / Buchwert des Eigenkapitals
Buchwert je Aktie	(Buchwert des Eigenkapitals - Bevorzugtes Eigenkapital) / Anzahl der ausstehenden Stammaktien

PEG: Price/Earnings to Growth-Ratio

EBIT: Earnings Before Interest and Taxes, Gewinn vor Zinsen und Steuern

EBITDA: Earnings Before Interest, Taxes, Depreciation and Amortization, Ergebnis vor Zinsen, Steuern, und Abschreibungen auf Sachanlagen und immaterielle Vermögengegenstände

Bevorzugtes Eigenkapital: Eigenkapital, das anteilig auf Vorzugsaktien entfällt

Gängige Kennzahlen

Kapitalmarkt	
Unternehmens-wert, Enterprise Value (EV)	Marktkapitalisierung - Liquide Mittel + Verbindlichkeiten + Minderheiten + Bevorzugtes Eigenkapital
EV / EBIT	$$\frac{\text{Unternehmenswert}}{\text{EBIT}}$$
EV / EBITDA	$$\frac{\text{Unternehmenswert}}{\text{EBITDA}}$$
Ausschüttungs-quote	$$\frac{\text{Dividendenausschüttungen}}{\text{Jahresüberschuss}} \times 100\,\%$$
Dividende je Aktie	$$\frac{\text{Ausgeschüttete Dividenden}}{\text{Anzahl der ausstehenden Stammaktien}}$$
Dividendenrendite	$$\frac{\text{Dividende je Aktie}}{\text{Aktienkurs}} \times 100\,\%$$
Relative Stärke nach Levy (RSL)	$$\frac{\text{Aktienkurs}}{\text{26-Wochen-}\varnothing \text{ des Aktienkurses}} \times 100$$

EBIT: Earnings Before Interest and Taxes, Gewinn vor Zinsen und Steuern

EBITDA: Earnings Before Interest, Taxes, Depreciation and Amortization, Ergebnis vor Zinsen, Steuern, und Abschreibungen auf Sachanlagen und immaterielle Vermögengegenstände

Bevorzugtes Eigenkapital: Eigenkapital, das anteilig auf Vorzugsaktien entfällt

BENJAMIN GRAHAM

1

Benjamin Graham

Der Altmeister

Für wen eignet sich die Strategie?

- **Anlegertyp:** Fortgeschrittene, risikobewusst
- **Anlageart:** substanzorientiert, antizyklisch
- **Anlagehorizont:** sehr langfristig, 36 bis 60 Monate
- **Aufwand:** hoch, 6 bis 8 Stunden pro Woche

Benjamin Graham

Der Börsenstar

Benjamin Graham gilt als Urvater der fundamentalen Analyse, der Analyse von Bilanz-, Gewinn-, Liquiditäts- und kursbezogenen Kenngrößen. Den Gegensatz dazu bildet die Technische Analyse, auch Charttechnik genannt, die auf der reinen Betrachtung von Börsenkursen basiert. Und das gleich vorab: Zu Charttechnik werden Sie in diesem Buch so gut wie nichts lesen. Warum? Weil ich nicht nur alles andere als ein Fan davon bin, sondern auch, weil es keinen einzigen Börsenstar gibt, der damit wirklich dauerhaft Erfolg hatte und reich an der Börse wurde! Letzteres merkt übrigens auch Graham in seinem Top-Buch an. Dazu gleich mehr.

Aus der Fundamentalanalyse ging das Value-Investing hervor, die Geldanlage in unterbewertete Aktien, in Substanzwerte. Auch als dessen Urvater gilt Graham. Er war zudem der Lehrmeister von Warren Buffett (siehe Kapitel 2), der heute der erfolgreichste Investor der Welt ist – wenn das nicht jemand ist, den und dessen Methode Sie kennen sollten!

Benjamin Graham, Sohn eines jüdischen Porzellan-Importeurs, wurde 1894 in London als Benjamin Grossbaum geboren. Er starb 1976 im Alter von 82 Jahren im französischen Aix-en-Provence an der Côte d'Azur, also vor 40 Jahren. Sein zweites Buch „Intelligent investieren" (Originaltitel: „The Intelligent Investor"), welches ihn der breiten Öffentlichkeit bekannt machte, ist – und das ist nicht despektierlich gemeint – zwar ein noch heute hilfreicher, aber eben auch ein uralter Schinken. Es erschien in der ersten Auflage bereits 1949. Graham hatte ein bewegtes Berufs- und ein ebenso wildes Privatleben und beeinflusste wie kein anderer die Geldanlage mit Aktien – bis heute. Er ist der Star unter den Börsenstars und macht deshalb hier den Anfang.

Als Ben Grossbaum ein Jahr alt war, siedelten er, seine beiden älteren Brüder und seine Eltern nach New York über. Während des Ersten Weltkriegs änderte die jüdische Familie mit polnischen Vorfahren ihren Namen in Graham, da deutsch klingenden Namen wie Grossbaum seinerzeit in den USA Misstrauen hervorriefen. Der Benjamin der Familie war der Lieblingssohn. Er blieb dennoch nicht von mehreren Schicksalsschlägen verschont. Der Vater, Isaac M. Grossbaum, verstarb 1903 im Alter von 35 Jahren, als Ben neun Jahre alt war. Die alleinerziehende Mutter verwandelte das Wohnhaus der Familie daraufhin notgedrungen in eine Pension, um über die Runden zu kommen, war damit aber nicht sonderlich erfolgreich. 1907 verlor seine Mutter schließlich das gesamte Hab und Gut der Familie durch in den USA damals weitverbreitete Aktienspekulationen auf Kredit und durch den Börsencrash. Für Graham, der von da an Gelegenheitsjobs übernahm, um seinen Beitrag zur Aufbesserung der Familienkasse zu leisten, war dies wohl eines von zwei Schlüsselerlebnissen in seinem Leben.

In seinem ersten Buch „Die Geheimnisse der Wertpapieranalyse" („Security Analysis"; mit David Dodd), welches 1934 erschien, legt er deshalb wahrscheinlich besonders viel Wert auf die Unterscheidung zwischen Investition und Spekulation. Wer investiert, der kauft demzufolge niemals Aktien auf Kredit, so wie es seine Mutter tat. Er investiert langfristig in sichere Papiere und ist an Einkünften interessiert, nicht an schnellen Gewinnen. Wenngleich ich nicht die Erfahrung einer Familienpleite wie Graham gemacht habe, halte ich Aktien auf Pump zu kaufen für einen der größten Fehler, den man machen kann. Ein Bekannter von mir, ein über 50 Jahre alter Banker, zahlt noch heute seine Schulden ab, die er zu Zeiten des Neuen Marktes durch den Aktienkauf auf Kredit gemacht hat. Für mehrere Immobilien, mit denen er vor allem Steuern sparen wollte, verschuldete er sich noch weiter. Als wäre das Sprichwort „Vorsicht ist die Mutter der Porzellankiste" der Porzellandynastie Graham entsprungen.

Graham war zunächst Wohlstand gewohnt. Die Familie hatte ein Dienstmädchen, einen Koch, eine französische Privatlehrerin und wohnte in guter Lage an der oberen Fifth Avenue, berichtet Journalist Jason Zweig, nicht zu verwechseln mit dem Börsenstar Martin Zweig (siehe Kapitel 10). Graham lernte nach dem Börsencrash 1907 aber eben auch ärmliche Verhältnisse kennen. Zweig: „Für den Rest seines Lebens erinnerte sich Ben an die Demütigung, die er erlitt, als er für seine Mutter einen Scheck einlösen sollte und hörte, wie der Bankangestellte fragte: ‚Ist Dorothy Grossbaum für fünf Dollar kreditwürdig?'" Trotz oder vielleicht gerade wegen der prekären wirtschaftlichen Lage der Familie war Graham ein Musterschüler und Ausnahmestudent.

Er war ein Bücherwurm und ein Kopfmensch und übersprang mehrere Klassen. Ein Stipendium an der New Yorker Columbia University wurde ihm zunächst aufgrund einer Verwechselung nicht gewährt. Ein Jahr später bekam er es doch noch und beschloss, das verlorene Jahr durch ein möglichst schnell absolviertes Studium wieder aufzuholen. Er schloss es bereits 1914 als Zweitbester seines Jahrgangs (Salutatorian genannt) nach zweieinhalb Jahren im Alter von nur 20 Jahren ab. Drei Angebote – die er schon vor seinem letzten Semester erhielt –, im Anschluss als Lehrbeauftragter für die Fakultäten Englisch, Mathematik oder Philosophie zu arbeiten, schlug er aus. Graham wollte lieber an die Wall Street – vielleicht um die Investmentfehler seiner Mutter auszubügeln. Letztlich empfahl ihm dies auch der Dekan der Universität, obwohl Graham nie einen wirtschaftswissenschaftlichen Kurs belegt hatte. Er erreichte sein Berufsziel dennoch scheinbar spielend.

Graham arbeitete zunächst bei Newburger, Henderson & Loeb, einer Investmentgesellschaft, die sich auf Anleihen spezialisiert hatte. Er war der Laufbursche. Nebenbei betrieb er jedoch Research und überreichte eine seiner Analysen einem Partner von Bache & Company. Dort arbeitete er daraufhin als Statistiker, wie man Analysten seinerzeit nannte. Oft wird dieser Abschnitt seiner Karriere verkürzt dargestellt. Tatsache ist: Erst nach diesem Umweg stieg er anschließend wieder bei Newburger, Henderson & Loeb als Analyst ein und wurde Partner mit einem Jahresgehalt von rund 500.000 US-Dollar. Da war er gerade einmal 26 Jahre alt.

Er blieb drei Jahre lang und machte sich 1923 mit seiner eigenen Investmentfirma selbstständig. Das Startkapital von 250.000 Dollar dafür kam unter anderem von Julius Rosenwald, dem Mitgründer des Versandhandelskonzerns Sears. 1925 beendete Graham jedoch sein Engagement, da er sich mit den Eigentümern um Familie Rosenwald nicht über die Vergütung seiner Arbeit einigen konnte. 1926 gründete er daraufhin zusammen mit dem Broker Jerome (Jerry) Newman die Graham-Newman Corporation. Oft wird Graham-Newman auch als Vorläufer der ersten Investmentfonds bezeichnet. Die Firma überlebte die Zeiten des großen Börsencrashs von 1929 bis 1932 mithilfe von Freunden und Geldspritzen aus dem privaten Vermögen der Partner. Zeitweise soll Grahams Frau als Tanzlehrerin gearbeitet haben. Graham selbst liebte das Tanzen. Einen heißen Tanz legte auch Grahams Gesellschaft hin. Sie musste in dieser Zeit einen Verlust von rund 70 Prozent hinnehmen. Viel zu früh, Ende 1930, stieg Graham zu 100 Prozent in Aktien ein. Nach dem Crash arbeitete er sogar fünf Jahre lang ohne Vergütung, um den Verlust aufzuholen. Geld war ihm nie am wichtigsten, es war eher die intellektuelle Herausforderung und letztlich der Triumph, ganz zum Leidwesen von Geschäftspartner Newman.

Der Börsencrash im Zusammenhang mit der Wirtschaftskrise in den USA, die als Große Depression in die Geschichte einging, und die Weltwirtschaftskrise haben Graham und Grahams Generation geprägt. Der Crash war das zweite Schlüsselerlebnis seines Lebens. Sein 1934 veröffentlichtes Wertpapieranalyse-Buch, an dem er vier Jahre gearbeitet haben soll und welches heute als Bibel der Value-Investoren gilt, steht stark unter dem Einfluss der damaligen Zeit. Das wichtigste Ziel: Verlust vermeiden. Das Buch war seinerzeit deshalb bahnbrechend, weil man damals noch eher intuitiv Geld anlegte, sich von Gerüchten und Insiderinformationen zu Spekulationen verleiten ließ. Kein Wunder also, dass Graham erfolgreich wurde.

Von 1936 bis 1956 hat Graham-Newman Schätzungen des *Wall Street Journal*-Autors Jason Zweig zufolge eine Rendite von jährlich mindestens 14,7 Prozent erzielt, während der Gesamtmarkt mit 12,2 Prozent pro Jahr rentierte. An anderer Stelle ist sogar die Rede von einer durchschnittlichen Rendite von Graham-Newman von jährlich 17 Prozent und keinem einzigen Verlustjahr. Graham selbst spricht in seinem Buch von 1949 im Nachwort von 20 Prozent Jahresrendite. Genaue und nachprüfbare Aufzeichnungen darüber gibt es leider nicht. Einige Einzelinvestments sind allerdings bekannt.

Eine seiner ersten Entdeckungen war die Unterbewertung der Guggenheim Exploration Company. Das Unternehmen, eine Holding von Minengesellschaften, wollte sich 1915 auflösen und Graham fand heraus, dass die einzelnen Unternehmensteile viel mehr wert waren, als der Aktienkurs für den Gesamtkonzern widerspiegelte – ein typisches Graham-Geschäft und bei Weitem nicht der einzige überaus clevere Deal.

Geradezu legendär war etwa sein Investment in die Northern Pipe Line Company. Das Unternehmen entstand aus der Zerschlagung von John Rockefellers Standard Oil Company, die ein Monopol besaß und deshalb 1911 in nicht weniger als 34 Teile zerlegt wurde. 1925 arbeitete sich Graham durch die Berichte der Interstate Commerce Commission (ICC), einer Behörde zur Regulierung des Eisenbahnverkehrs. Dabei stieß er darauf, dass jene Northern Pipe Line Company hochwertige Anleihen von Eisenbahngesellschaften für heruntergebrochen 95 Dollar je Aktie hielt, während der Aktienkurs des Erdölpipeline-Betreibers lediglich bei 65 Dollar notierte. Zusammen mit dem größten Aktionär, der Rockefeller Foundation, drängte Graham das Management erfolgreich dazu, die Anleihen zu verkaufen und eine höhere Dividende zu zahlen. Drei Jahre später verkaufte er die Aktie zudem bei einem Kurs von 110 Dollar. Graham wunderte sich noch viele Jahre danach, dass diese Unterbewertung außer ihm niemand entdeckt hatte. Ein anderes Investment machte ihm allerdings später jemand nach.

1948 investierte Graham im großen Stil in den Versicherer Geico und erzielte in acht Jahren eine unglaubliche Rendite von 1.635 Prozent. Geico ist heute ein hundertprozentiges Tochterunternehmen von Warren Buffetts Investmentholding Berkshire Hathaway.

1926 kehrte Graham für Gastvorträge an die Columbia University zurück. Von 1928 bis 1955 unterrichtete er dann nebenberuflich regelmäßig an der Universität, an der er selbst als Student eingeschrieben gewesen war. Eine ganz neue Investoren-Generation ging durch seine Value-Schule. Einer seiner Schüler war jener Warren Buffett, der einzige

Student, der jemals in einem Graham-Kurs die Note A+ (entspricht einer 1+) bekommen hat. Ab 1954 arbeitete Buffett schließlich für Graham in dessen Firma Graham-Newman, nachdem Graham seinen Partner Jerry Newman überzeugen konnte, den jungen Buffett einzustellen.

1.1

Aktie der Graham-Newman Corporation von 1956

Die historische Aktie trägt die Unterschrift von Warren Buffett als Sekretär (siehe auch Kapitel 2, Seite 55).

Quelle: HWPH AG

1949 erschien „The Intelligent Investor", eine populärwissenschaftlichere Version von Grahams erstem Buch. Buffett bezeichnete es einmal als das beste, das je für Anleger geschrieben wurde. Es wurde zu einem Bestseller und soll sich mehr als eine Million Mal verkauft haben. Graham war ein wahrer Tausendsassa.

Er schrieb ein Broadway-Stück („True to the Marines"), welches kein Erfolg wurde, und erhielt mehrere US-Patente, unter anderem auf eine spezielle Taschenrechner-Funktion. In seiner Freizeit übersetzte er gerne Texte ins Englische oder Homer ins Lateinische und Vergil ins Griechische. Bei Dinnerpartys verkroch er sich dagegen, um nicht mit in seinen Augen langweiligen Mitmenschen sprechen zu müssen. 1956, im Alter von nur 61 Jahren, zog sich Graham schließlich aus dem Berufsleben zurück. Er lebte fortan dort, wo es ihm gefiel: in Beverly Hills in Kalifornien, auf der portugiesischen Insel Madeira oder auch in Frankreich, wo er 1976 in Aix-en-Provence starb. Graham war dreimal verheiratet, hat fünf Kinder (mit zehn Enkelkindern) in die Welt gesetzt und soll sogar mit der Freundin seines Sohnes eine Affäre gehabt haben, nachdem dieser während seiner Armeezeit in Frankreich Selbstmord begangen hatte. Letzteres schildert Buffett-Biografin Alice Schroeder in ihrem Buch „Warren Buffett – Das Leben ist wie ein Schneeball". Schroeder beschreibt Graham folgendermaßen: Er sei nicht nur klein gewesen, sondern auch „wirklich kein schöner Mann". Er habe einem Kobold geähnelt und sei Frauen gegenüber oft sehr aufdringlich gewesen. Eine seiner vielen Affären soll er mit folgendem Satz kommentiert haben: „Ein Teil Anziehung, vier Teile günstige Gelegenheit." Zum Leidwesen seiner Ehefrauen war Monogamie für Graham ein Fremdwort. Seinen Legendenstatus und seine Leistungen hat dies aber nicht geschmälert.

Graham hinterließ nach seinem Tod ein Vermögen von nur rund drei Millionen Dollar. Neben dem Materiellen und den Büchern sowie den Erkenntnissen daraus reicht das Erbe Grahams aber noch viel weiter. Der „Dean of Wall Street" (Dekan der Wall Street), wie Graham zu Lebzeiten genannt wurde, arbeitete nämlich auch maßgeblich am Aktiengesetz „Securities Act of 1933" mit, das unter anderem regelt, dass Finanzberichte von einem Wirtschaftsprüfer abgesegnet werden müssen. An der Entwicklung der Zertifizierung „Chartered Financial Analyst" (CFA) war er ebenfalls beteiligt. Ziel dieser anspruchsvollen Ausbildung von Wertpapieranalysten ist die Sicherung eines einheitlichen Qualitätsstandards. Und an der Columbia University gibt es inzwischen das Heilbrunn Center for Graham & Dodd Investing. Robert Heilbrunn, der das Institut

2001 ins Leben rief, war ein Student Grahams – einer von vielen Investoren, die von Graham nachhaltig beeinflusst worden sind.

Die Methode

Value-Investor Joel Greenblatt (siehe Kapitel 4) beschreibt Graham und dessen Erfolgsrezept wie folgt: „Der Mann, der uns Mr. Market und die Sicherheitsmarge geschenkt hat, hat eine Zauberformel beschrieben und benutzt. Na gut, er hat sie nicht so genannt." Die Graham'sche Zauberformel lautet Greenblatt zufolge: Kaufe eine Aktie mit einem Kurs-Buchwert-Verhältnis (KBV) von unter 1, also ein Unternehmen, dessen Börsenwert so niedrig ist, dass der Kaufpreis kleiner ist als der Erlös, den man erzielen würde, wenn man das Unternehmen schließen und dessen Vermögenswerte verkaufen würde. Graham fasste sein Prinzip zur Aktienauswahl etwas plastischer mit einem Satz zusammen: „Kaufe einen Dollar, aber bezahle nicht mehr als 50 Cent dafür."

Was hat es mit der Sicherheitsmarge („margin of safety") auf sich? Jeder noch so schlaue Analyst und Anleger kann einmal falschliegen. Deshalb empfahl Graham, eine Sicherheitsmarge, eine Art Sicherheitspuffer, einzubauen. So sollte der Marktpreis, der Kaufpreis, 30 bis 50 Prozent unter dem wahren, fairen, inneren Wert („intrinsic value") einer Aktie liegen. Der Anleger stellt so sicher, dass er wirklich zu einem günstigen Kurs einsteigt, und er hat, sollte er sich bei seiner Berechnung des wahren Wertes geirrt haben, noch einen Puffer nach unten.

Nun zu Mr. Market, Herrn Finanzmarkt. Diesen erfand Graham, um Anlegern zu verdeutlichen, dass sie sich auf den wahren Wert des Unternehmens konzentrieren sollen. Mr. Market ist manisch-depressiv. Er handelt jeden Tag, kauft und verkauft Aktien, mal zu Schnäppchenpreisen und mal zu völlig absurden, überhöhten Preisen. Anleger können sich nun auf Mr. Market einlassen und mit ihm handeln oder ihm eben keine Beachtung schenken. Das ist leichter gesagt als getan, aber ein guter Rat, den auch ich Ihnen ans Herz legen möchte.

Graham war allerdings kein reiner Aktien-Investor. In Sachen Verteilung auf verschiedene Anlageklassen, Fachleute reden von Asset Allocation, empfahl er, „dass der Investor nie weniger als 25 Prozent und nie mehr als 75 Prozent seines Vermögens in Aktien anlegen sollte, umgekehrt aber auch nicht weniger als 25 Prozent und nicht mehr als 75 Prozent in Anleihen". Dabei sprach Graham ausschließlich von erstklassigen Aktien und erstklassigen Anleihen. Er unterschied darüber hinaus nicht nur zwischen Investieren und Spekulieren.

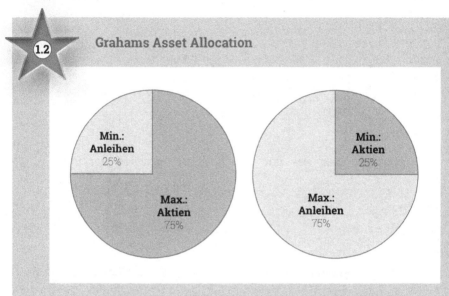

Grahams Asset Allocation

Zwischen diesen beiden Extremen sollte sich Graham zufolge die Aufteilung eines Portfolios bewegen.

Er definierte den defensiven Investor als jemanden, „der hauptsächlich an Sicherheit interessiert ist und Scherereien vermeiden will". Das Gegenstück ist der aggressive Investor, den er auch professionellen Investor nennt. Wir halten uns lieber an Grahams Rat und folgen den Leitfäden für den defensiven Investor. Dieser hat nach Graham zwei Möglichkeiten, ein Portfolio aufzubauen.

Entweder er folgt dem US-Aktienindex Dow Jones Industrial Average, kurz Dow Jones, wie wir es heute von Indexfonds kennen, oder er stellt sein eigenes Depot anhand verschiedener Kriterien zusammen.

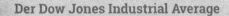

Dow Jones von 1895 bis heute in Punkten

Dem Standardwerte-Index mit den 30 größten US-Aktien zu folgen ist keine schlechte Idee, wie die Historie zeigt.

Quelle: boersianer.info

Anleger sollten das Anlageuniversum zunächst einmal beschränken. Graham empfahl eine angemessene Unternehmensgröße. Der Umsatz des Unternehmens sollte nicht weniger als 100 Millionen Dollar bei einem Industrietitel betragen und nicht weniger als 50 Millionen Dollar bei einem öffentlichen Versorgungsunternehmen. Das müssen wir natürlich in die heutige Zeit transferieren. Ich würde jeweils eine Null an die Richtwerte anhängen. Anleger sollten demzufolge also nicht in Unternehmen investieren, deren Umsatz weniger als 500 Millionen bis eine Milliarde Dollar (beziehungsweise Euro) beträgt. Graham begründete seine Aversion gegenüber kleinen Unternehmen damit, dass sie „überdurchschnittlich stark den Launen im industriellen Bereich ausgesetzt sind".

Auch die Finanzstärke eines Unternehmens, das in die engere Wahl kommt, sollte ausreichend sein. Graham empfahl: Das Umlaufvermögen sollte doppelt so hoch sein wie die kurzfristigen Verbindlichkeiten.

Beide Werte finden Sie in der Bilanz. Man bezeichnet die Kennzahl heute als Current Ratio oder Liquidität dritten Grades.

Für Industrieunternehmen legte Graham fest: Die langfristigen Verbindlichkeiten sollten das Nettoumlaufvermögen oder das Betriebskapital nicht überschreiten. Bei Versorgern sollten die Schulden den doppelten Wert der Aktien zum Buchwert nicht überschreiten. Ein Current Ratio von 2 oder mehr ist eine strenge Anforderung, die heute nur die wenigsten Aktiengesellschaften erfüllen können. Hier sind meiner Meinung nach daher auch Werte von bis zu 1,2 akzeptabel. Erst nach dieser Beurteilung der finanziellen Situation des Unternehmens wandte sich Graham den Gewinnen zu.

Die Gewinne sollten in den vergangenen zehn Jahren vor Jahr zu Jahr gestiegen sein. In den vergangenen 20 Jahren sollte das Unternehmen zudem kontinuierlich einen Teil des Gewinns als Dividende ausgeschüttet haben. Allerdings muss die Dividende dabei nicht von Jahr zu Jahr gestiegen sein. Ferner sollte der Gewinn je Aktie in den vergangenen zehn Jahren mindestens um ein Drittel, also um gut 30 Prozent, gewachsen sein. Erst nach Prüfung dieser Kriterien schaute Graham sich die Bewertung an der Börse an.

Anhand des Kurs-Gewinn-Verhältnisses (KGV), das moderat ausfallen sollte, betrachtete er den Aktienkurs. Akzeptabel ist ein KGV von unter 15 auf Basis der vergangenen drei Jahre, also im Durchschnitt der vergangenen drei Jahre. Beim Kurs-Buchwert-Verhältnis (KBV) setzte Graham die Obergrenze bei 1,5. Ist das KGV deutlich geringer, kann dies ein höheres KBV rechtfertigen. Multipliziert man KGV mit KBV, sollte aber nie mehr als 22,5 (15 x 1,5) dabei herauskommen.

Nach meiner Erfahrung ist es einfacher, Sie gehen die Kriterien in umgekehrter Reihenfolge durch. Filtern Sie zunächst nach KBV und KGV und tauchen Sie erst dann in die Gewinn- und Verlustrechnung sowie die Bilanz ein. Das dürfte Ihnen einige Zeit und Mühe ersparen.

Der Vollständigkeit halber noch ein paar Worte zu Graham-Newman: Dort wählte Graham auch günstige Aktien aus, profitierte aber noch von anderen Geschäften wie etwa dem Arbitrage-Geschäft oder auch von Unternehmen, die liquidiert werden sollten, wie das bereits erwähnte Beispiel von Guggenheim Exploration zeigt. Bei solchen Transaktionen musste die zu erwartende kalkulierbare Rendite mindestens 20 Prozent und die Wahrscheinlichkeit für einen erfolgreichen Deal mindestens 80 Prozent betragen, sonst ließ Graham die Finger davon.

Exkurs

Kann es sein, dass sich aktive Geldanlage gar nicht lohnt?

1970, da nahm Benjamin Graham schon lange nicht mehr am Berufsleben und den Finanzmärkten teil, stellte der US-Wirtschaftswissenschaftler Eugene Fama eine Theorie auf: die Markteffizienzhypothese. Demnach sind die Finanzmärkte effizient. Das bedeutet nichts anderes als: Alle vorhandenen Informationen sind allen Marktteilnehmern bekannt und bereits in den Kursen eingepreist. Der innere Wert eines Unternehmens entspricht also dem Marktpreis. Somit wäre kein Marktteilnehmer in der Lage, dauerhaft eine überdurchschnittliche Rendite zu erzielen – egal ob mit fundamentaler Analyse, Charttechnik oder gar Insiderhandel. Graham und alle anderen Börsenstars, die ich Ihnen noch vorstellen werde, könnten demzufolge den Markt gar nicht schlagen.

Auf dieser Annahme beruht zum Teil auch der Erfolg der Indexfonds-Industrie. Exchange Traded Funds (ETFs) bilden einen Index wie beispielsweise den deutschen Leitindex DAX eins zu eins nach. Steigt der Index um ein Prozent, so steigt in der Regel auch der Kurs des ETF um ein Prozent. In Finanzkreisen wird in diesem Zusammenhang von passivem Management gesprochen, da der Fondsmanager sich lediglich am Index orientiert und nicht aktiv handeln muss. Der Erfolg der Indexfonds beruht allerdings noch auf zwei anderen Faktoren. Ein ETF ist im Vergleich zu einem klassischen, aktiv verwalteten Investmentfonds deutlich kostengünstiger. Ferner – und das ist sicher der Hauptgrund – schlagen nur wenige Fondsmanager den Markt und sind wahre Börsenstars. Anleger sind mit einem ETF in der Mehrheit der Fälle also besser bedient.

Die Hypothese von Fama, der italienische Vorfahren hat, setzt allerdings auch voraus, dass wirklich jeder Marktteilnehmer zur selben Zeit über jede Information verfügt und darauf völlig rational reagiert. Anomalien wie eine Jahresendrallye oder den Januareffekt dürfte es demzufolge eigentlich nicht geben. Auch Unter- und Übertreibungen über einen längeren Zeitraum stehen im Widerspruch zur Theorie. Spekulationsblasen dürften demnach ebenso wenig existieren. Robert Shiller, der zusammen mit Fama und Lars Peter Hansen 2013 den Alfred-Nobel-Gedächtnispreis für Wirtschaftswissenschaften erhielt, ist sich sicher: Die Markteffizienzhypothese muss falsch sein. „Das Scheitern des Modells der Markteffizienzhypothese ist so dramatisch, dass es unmöglich erscheint, das Scheitern solchen Dingen wie Datenfehlern, Problemen des Preisindex oder Änderungen im Steuerrecht zuzuschreiben", so Shiller. Graham und alle anderen Börsenstars widerlegen die Hypothese durch ihre Erfolge ebenfalls.

Noch ein Hinweis für ETF-Anleger: Achten Sie immer darauf, ob der Indexfonds einen Kurs- oder einen Performanceindex abbildet. In einem Performanceindex wie dem DAX sind die Dividenden enthalten. Auch sollte der ETF den Index mit den zugrunde liegenden Werten nachbilden und nicht mit Derivaten wie Swaps, einer Art Tauschgeschäft.

Die Systemkritik

Wer sich an Grahams Regeln hält, muss sich über Folgendes im Klaren sein: Seine Erkenntnisse sind mehr als 80 Jahre alt. Das hat zum einen zur Folge, dass bereits mehrere Anlegergenerationen sie kennen und anwenden. Zum anderen zog Graham Rückschlüsse, die auf das Industriezeitalter gemünzt sind. Damals waren beispielsweise Eisenbahngesellschaften als Schwergewichte an der Börse notiert und nicht Internetkonzerne. Heutige Geschäftsfelder sind viel breiter gefächert. Immaterielle Werte spielten im Gegensatz zu heute damals keine große Rolle. Aktionäre konzentrierten sich auf die Sachwerte in den Bilanzen und nicht wie heutzutage auf flüssige Mittel, die die Sachwerte generieren. Damals gab es außerdem keine Kursdatenbanken und digitalen Geschäftsberichte. Kurzum, ein intelligenter Investor von heute muss die Kriterien von Graham an die aktuellen Verhältnisse anpassen, wie wir es etwa mit dem Umsatzkriterium getan haben. Das ist etwas ganz Natürliches und nicht problematisch. Viel kritischer ist die Methode an sich zu betrachten. Insbesondere beim Vergleich mit der Strategie seines Schülers Warren Buffett tritt die Schwäche von Grahams Erfolgsrezept zutage. Während Graham alles vom Wühltisch nahm, Hauptsache, es war ein Schnäppchen, ist Buffett viel wählerischer.

Graham betrachtet nur den Preis, aber nicht die Qualität, bemängeln Kritiker. Buffett soll seiner Ex-Schwiegertochter Mary Buffett zufolge einmal gesagt haben, Grahams Anlagestrategie komme ihm vor, als ob jemand ein Unternehmen zu einem entsprechend niedrigen Preis kaufe und auf ein außergewöhnliches Ereignis hoffe, das dem Unternehmen zum Erfolg verhelfen und damit dem Anleger ermöglichen würde, seine Aktienbestände mit einem anständigen Gewinn zu verkaufen. Dieses Ereignis kann natürlich ausbleiben oder – noch schlechter – das Ereignis fällt negativ aus.

Den inneren Wert betrachtete Graham eher als Wertspanne und nicht als exakte Kursangabe. Ein Portfolio sollte aus zehn bis 30 Aktien bestehen, wenn es nach dem Value-Urvater geht. Und Technologiewerte schloss er von vornherein aus.

Das Erfolgsrezept

Eine Falle gibt es beim Value-Investing: Wer nicht richtig hinter die Kulissen schaut, könnte Opfer von Mr. Market werden. Graham: „Die größten Verluste für Investoren resultieren daraus, dass sie Aktien schlechter Qualität kaufen, wenn die wirtschaftlichen Bedingungen günstig sind." Deshalb ist Grahams Stil auch nichts für Anfänger.

Das dabei verwendete zyklusbereinigte Kurs-Gewinn-Verhältnis heißt auch Graham-Dodd-KGV. Es ist Anlegern ebenso als Shiller-KGV bekannt. Die Idee dabei ist ganz einfach. Mit der Betrachtung von Durchschnittswerten werden einmalige Ausreißer eliminiert (siehe Tabelle, Nr. 3a).

1.4 Aktienauswahl nach Graham

Nr.	Kriterium	Bedingung
1	Umsatz	> 500 Mio. €
2a	Kurs-Buchwert-Verhältnis (KBV)	< 1,5
3a	Kurs-Gewinn-Verhältnis (KGV; Durchschnitt der vergangenen 3 Jahre)	< 15
2b, 3b	alternativ: KBV x KGV	≤ 22,5
4	Gewinnwachstum (EPS) in den vergangenen 10 J.	> 30 %
5	Ununterbrochene Dividende	20 Jahre
6	Verschuldungsgrad (Fremdkapital / Eigenkapital x 100 %)	≤ 100 %
7	Umlaufvermögen	> kurzfr. Verbindlichkeiten x 1,2 (ideal x 2)

EPS: Earnings per share, Gewinn je Aktie

Warren Buffett erklärt übrigens: „Ich bin zu 85 Prozent Benjamin Graham und zu 15 Prozent Philip Fisher." Um Grahams Schüler, der seinen Lehrer später überflügeln sollte, geht es im nächsten Kapitel. Philip Fisher, dem Vater von Ken Fisher, begegnen wir in Kapitel 7.

Quellen

- boersianer.info: Value-Investing – Welche Aktien Benjamin Graham auswählen würde, Ausgabe #39, 12.9.2015

- Buffett, Mary/Clark, David: Buffettology, Econ, 2000

- c250.columbia.edu/c250_celebrates/your_columbians/benjamin_graham.html

- Graham, Benjamin: Intelligent investieren, FBV, 2005

- Graham, Benjamin/Dodd, David: Die Geheimnisse der Wertpapieranalyse, FBV 2009

- Hankes Börsen-Bibliothek, blog.boersianer.info/ist-value-investing-a-la-warren-buffett-ueberholt/

- Schroeder, Alice: Warren Buffett – Das Leben ist wie ein Schneeball, FBV, 2009

- valuewalk.com/benjamin-graham/

WARREN BUFFETT

2

Warren Buffett

Der erfolgreichste Investor der Welt

Für wen eignet sich die Strategie?

▶ **Anlegertyp:** Fortgeschritten/Profi, risikobewusst

▶ **Anlageart:** substanzorientiert, antizyklisch

▶ **Anlagehorizont:** langfristig, 18 bis 36 Monate oder länger

▶ **Aufwand:** hoch, 6 bis 8 Stunden pro Woche

WARREN BUFFETT
2

Warren Buffett

Der Börsenstar

Warren E. Buffett ist der Vorstandschef der Investmentholding Berkshire Hathaway, als „Orakel von Omaha" bekannt, war der beste Schüler Grahams und ist der erfolgreichste Investor der Welt.

Geschichten wie die folgende gibt es viele über Warren Buffett: Im Sommer 1936 soll er von seinem Taschengeld einige Coca-Cola-Sixpacks für je 25 Cent das Stück gekauft und die sechs Flaschen einzeln für jeweils fünf Cent verkauft haben. Der 1930 in Omaha im US-Bundesstaat Nebraska zur Welt gekommene Buffett war sehr früh geschäftstüchtig. Das lässt zumindest das Cola-Beispiel vermuten, unabhängig davon, ob es nun völlig der Wahrheit entspricht oder nicht. Anderen Geschichten zufolge verdiente Buffett in jungen Jahren auch Geld mit dem Austragen von Zeitungen, der Vermietung von Flipperautomaten und später eines Rolls-Royce sowie dem Verpachten einer Farm. Der Sohn des Brokers und republikanischen Kongressabgeordneten Howard Buffett hat offenbar sehr früh einiges ausprobiert. Er lernte dabei anscheinend schnell, worauf es ankommt. Nämlich: 1.) Kaufe günstig, verkaufe teurer. 2.) Berechne den möglichen Gewinn deines Geschäfts. 3.) Betrachte das Geldverdienen als ein Geschäft, als ein Unternehmen, und zwar so wie der Inhaber. 4.) Werfe niemals deine Prinzipien über Bord.

Da der junge Buffett mit seinen unternehmerischen Tätigkeiten oft sehr erfolgreich war, soll er seinem Vater sogar unterbreitet haben, auf das College verzichten und direkt einen Beruf ausüben zu wollen. Howard Buffett ließ seinen Sohn natürlich nicht gewähren.

Eine weitere Anekdote aus dem Buch der Bankerin und Buffett-Freundin Alice Schroeder („Warren Buffett – Das Leben ist wie ein Schneeball") soll verdeutlichen, wie einzigartig Buffett bereits sehr früh tickte. Als Kind verkaufte er Kaugummipäckchen und eine Frau namens Virginia Macourbrie wollte statt einem Päckchen mit fünf Streifen nur einen einzigen kaufen. Der junge Buffett weigerte sich jedoch. Er hätte „vier Streifen übrig behalten und an jemand anderen verkaufen müssen, und das war weder die Mühe noch das Risiko wert". An Grundregeln wie diesen hält Buffett noch heute im hohen Alter fest.

Sein nicht ganz ernst gemeintes Erfolgsrezept für ein ebenso langes wie erfolgreiches Leben verrät er – für ihn typisch – mit einer Prise Wortwitz und Selbstironie in der Zeitschrift *Fortune*: „Ich habe die Sterbetafeln überprüft und die geringste Sterberate gibt es unter den Sechsjährigen. Deshalb habe ich entschieden, mich wie ein Sechsjähriger zu ernähren." Herrlich. Buffett trinkt leidenschaftlich gern Cola mit Kirschgeschmack, auch als Cherry Coke bekannt, und isst oft Süßes oder Salziges. Der Top-Investor weiß natürlich, dass er mit solchen Sätzen von Journalisten zitiert wird, und als Aktionär von Coca-Cola ist dies sicher nicht das Schlechteste.

Der junge Buffett war ein introvertiertes Kind, das durch das Sammeln von Kornkorken nebenbei Informationen darüber anhäufte, was seine Mitmenschen gerne trinken. Als Fünftklässler verschlang er neugierig einen „World Almanac". In der Kirche rechnete er Lebenszeiten der Komponisten aus, war in den Gesangsbüchern doch deren Geburts- und Sterbedatum vermerkt. „Warren dachte immer und überall an Zahlen, sogar in der Kirche", kommentiert Schroeder.

Buffett ist ein umtriebiger Mensch, stets wissbegierig, eine Leseratte und ein sparsamer Mensch. Wer ihn kopieren will, sollte keinen völlig anderen Charakter haben und sollte bereits den einen oder anderen Geschäftsbericht gelesen haben. Über eines muss man sich bei all den Berichten über Buffett aber auch im Klaren sein: Er hat kein eigenes

Buch geschrieben. Dafür sind aber sehr viele Bücher über ihn geschrieben worden. So ist auch für mich, als Autor dieser Zeilen, immer abzuwägen, ob das, was ich Ihnen hier präsentiere, wirklich Buffett zugeordnet werden kann oder Fiktion ist. Am nächsten stehen der Investorenlegende wohl dessen Ex-Schwiegertochter Mary Buffett, die zwölf Jahre mit seinem Sohn Peter verheiratet war, und David Clark, ein Freund der Familie Buffett (Bücher des Duos sind: „Buffettology", mein Lieblingsbuch, sowie „Das Tao des Warren Buffett" und „So liest Warren Buffett Unternehmenszahlen"). Buffett im Original kann man nur in seinen Briefen an die Aktionäre lesen. Unter der Internetadresse *www.berkshirehathaway* *.com/letters/letters.html* sind sie zu finden.

Zurück zu seinem Werdegang. Während seines Studiums lernte er Benjamin Graham (siehe Kapitel 1) kennen. Der Vater der fundamentalen Analyse und Erfinder des Value-Investing war einer von Buffetts Lehrern an der Columbia University in New York, wo er 1951 den Master in Wirtschaftswissenschaften erlangte. Das ist jetzt 65 Jahre her. Buffett arbeitete damals zunächst im Unternehmen seines Vaters, Buffett-Falk & Company. Regelmäßig schrieb er Graham Briefe mit Ideen für Investments und reiste auch nach New York. 1954 nahm Buffett dann das Angebot an, für seinen Lehrmeister bei dessen Broker Graham-Newman Corporation zu arbeiten. Das deutsche Auktionshaus HWPH hat eine historische Aktie des Unternehmens von 1956 versteigert, auf der Buffett als Sekretär unterschrieben hat. Der Zuschlag für das Sammlerstück erfolgte bei 35.000 Euro (siehe: *www.boersianer.info/graham-newman-corp/* und Kapitel 1, Seite 38).

Er sei wegen seines neuen Jobs so aufgeregt gewesen, dass er einen Monat vor seinem offiziellen ersten Tag bei Graham-Newman aufschlug. „Als Warren für Graham arbeitete, schwor er, keine weiteren Kapitalanlagen zu tätigen, bevor er Grahams Buch [„Intelligent investieren"] nicht zwölfmal gelesen hätte", schreibt Mary Buffett.

Nachdem sich Graham 1956 im Alter von 61 Jahren ins Privatleben zurückzog, gründete Warren Buffett am 1. Mai desselben Jahres seine erste eigene Firma Buffett Associates Ltd. Er selbst zahlte als Komplementär dafür nur symbolische 100 US-Dollar ein, weitere 105.000 Dollar kamen von Verwandten und Bekannten, den Kommanditisten.

Bis 1962 gründete Buffett neun weitere Kommanditgesellschaften (KG) zum Zweck der Vermögensverwaltung. Dann fusionierte er diese zu einer einzigen KG mit dem Namen Buffett Partnership Ltd. Zu diesem Zeitpunkt hatte er 98 Kommanditisten und verfügte über 10,6 Millionen Dollar Kapital. Buffett verlangte als Vergütung 25 Prozent des Gewinns, der übrig blieb, wenn man die seinerzeit üblichen sechs Prozent Sparzinsen abzog. Fiel der Gewinn geringer aus, ging er leer aus.

1969 wandelte Buffett schließlich die vier Jahre zuvor erworbene Textilfirma Berkshire Hathaway – ein Fehlinvestment – in eine Beteiligungsholding um und löste seinen früheren Investmentpool auf. Seine Investoren konnten die Anteile der Buffett Partnership in Berkshire-Hathaway-Anteile tauschen. Damaliger Aktienkurs: 43 Dollar. Heutiger Aktienkurs: sechsstellig, rund 210.000 Dollar.

2.1 **A-Aktie von Berkshire Hathaway**

Berkshire in US-Dollar

Von einem zweistelligen Aktienkurs zu einem sechsstelligen und damit zur teuersten Aktie der Welt.

Quelle: boersianer.info

Buffett ist der einzige Milliardär, der es ausschließlich durch Investitionen am Aktienmarkt geschafft hat, auf die *Forbes*-Liste der 400 reichsten Amerikaner zu kommen. Das ist für mich mehr als Grund genug, ihm zu huldigen.

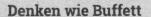

Denken wie Buffett

Wer wie Warren Buffett investieren will, muss auch wie Warren Buffett denken. Zunächst einmal geht es darum – ebenso wie bei Graham –, keine Verluste einzufahren. Es geht aber auch darum, zu verstehen, welche Investments überhaupt nicht geeignet sind.

Fünf Grundsätze, um zu überprüfen, ob Sie wie Buffett sein können:

1. Buffett wartet auf sinkende, nicht steigende Kurse. Er liebt die Baisse, die Phase fallender Kurse an der Börse, in der er auf Einkaufstour gehen kann.

2. Buffett denkt wie ein Unternehmer. Seine Ex-Schwiegertochter Mary Buffett nennt als Beispiel einen Taxiunternehmer. Bevor sich dieser einen weiteren Wagen anschafft, wird er überlegen, welche Einnahmen dadurch zu erwarten sind. Anders der Käufer eines Oldtimers: Dieser kauft den Wagen und hofft/spekuliert, dass dessen Preis in der Zukunft steigen wird – und das, ohne eine Ahnung über die mögliche Rendite zu haben.

3. Eine Aktie zu kaufen, weil sie steigt, also einem Trend zu folgen, ist für Buffett eine der dümmsten Ideen, die ein Anleger haben kann.

4. Buffett diversifiziert nicht. Das heißt, er streut sein Kapital nicht über verschiedene Aktien, nur um auch das Risiko zu streuen. Das muss er nicht, weil er sich sicher ist, eine unterbewertete Aktie zu kaufen. Er geht sogar so weit, den Spieß umzudrehen. Wer nur zehn Anlageentscheidungen in seinem Leben fällt, der wird sicher einige Vorbereitungen treffen, um sich richtig zu entscheiden, argumentiert er. Die Idee eines konzentrierten Portfolios hat Buffett möglicherweise vom britischen Ökonomen John Maynard Keynes übernommen, der sowohl ihn als auch Graham beeinflusste.
Viele Value-Fondsmanager agieren heute ähnlich und halten je nach Fondsvolumen nur 25 bis 50 Aktien, während ihre Kollegen oft 100 oder mehr Positionen in einen Aktienkorb packen.

5. Buffett interessiert sich nicht dafür, welche Aktien andere Anleger kaufen.

Na, sind Sie ein potenzieller, neuer Buffett?

Die Methode

Die Bilanz von Buffetts Berkshire Hathaway

Rendite (in %)	Berkshire Hathaway	S&P-500-Index
Das beste Jahr: 1976	59,3	23,6
Das schlechteste Jahr: 2008	-9,6	-37,0
Das beste Jahr im Vergleich*: 1977	31,9	-7,4
Das schlechteste Jahr im Vergleich*: 1999	0,5	21,0
Durchschnitt p. a.	19,2	9,7
Rendite insgesamt (1965 bis 2015)	798.981	11.355
Jeweils besser	40 x	11 x

* im Vergleich zum S&P 500; Rendite von Berkshire Hathaway nach Buchwert; S&P 500 inkl. Dividenden; Stand: 31.12.2015; Quelle: Geschäftsbericht 2016

Warren Buffett erzielte von 1965 bis 2015 eine Rendite von 19,2 Prozent pro Jahr, während der Aktienmarkt (S&P 500 inklusive Dividenden) im Mittel um jährlich 9,7 Prozent kletterte (siehe Tabelle). Das bescherte ihm weltweiten Ruhm. Er hat keinen Crash vorausgesagt, wahrscheinlich nicht nur reines Glück gehabt und er wurde auch nicht häufig vor einer Kurstafel fotografiert. Buffett ist nur durch seine unglaubliche Performance, die Rendite, zum Börsenstar mit dem Spitznamen „Orakel von Omaha" und zu einem der reichsten Menschen der Welt geworden. Er hat von einem der Größten, von Graham, gelernt, aber Buffett hat sich schnell weiterentwickelt.

Während Graham nur günstige Unternehmen suchte, ist Buffett wesentlich wählerischer. Es geht ihm speziell um den Gewinn in der Zukunft. Mary Buffett erläutert: „Warren interessiert sich für Unternehmen, die aufgrund ihrer wirtschaftlichen Situation und der Fähigkeiten ihres Managements realistisch prognostizierbare Gewinne hervorbringen." Eine Vorliebe hat er für die Versicherungsbranche wie auch den

Konsumgütersektor. Buffetts Investmentholding hält unter anderem Aktien von American Express, AT&T, Charter Communications, Coca-Cola, DaVita Health Care, Deere, Goldman Sachs, IBM, Moody's, Phillips 66, Procter & Gamble, Sanofi, U.S. Bancorp, Wal-Mart Stores und Wells Fargo (Stand: Ende 2015). Buffett hat sich allerdings auch ganze Unternehmen einverleibt wie etwa Geico, BNSF, Heinz oder NetJets.

Insbesondere Versicherungsunternehmen sind ganz nach Buffetts Geschmack. Kann er sie beherrschen, kann er auch darüber bestimmen, wie die Prämien der Versicherungsnehmer angelegt werden. (Etwas Abstand scheint er nun aber vom umkämpften Rückversicherungsgeschäft zu nehmen, hat er den Anteil an der Münchener Rück doch reduziert.) Unternehmen wie Moody's oder auch Coca-Cola bieten wiederum den Vorteil, keine großen Forschungs- und Entwicklungskosten (F&E) zu haben. So lässt es sich an den Gewinnen partizipieren.

Buffett betrachtet den Gewinn eines Unternehmens dabei als seinen persönlichen Gewinn. Häufig ist auch die Rede von einer Art Aktien-Anleihe. Wenn er beispielsweise 1.000 Aktien eines Unternehmens besitzt und dieses vier Dollar Gewinn je Aktie macht, ist Buffetts persönlicher Gewinn 4.000 Dollar. Dabei ist es ihm eigentlich egal, ob das Unternehmen einen Teil des Gewinns als Dividende ausschüttet oder einbehält. Buffett bevorzugt sogar Unternehmen, die keine Dividende zahlen und stattdessen den Gewinn reinvestieren. Denn oft sind diese geschickt darin und der Anleger muss sich für den Betrag der Gewinnausschüttung kein neues Investment suchen. Ferner kommen Anleger so in den Genuss des vollen Zinseszinseffekts. Und für Buffett vielleicht noch wichtiger: das Steuersparmodell. Mary Buffett schreibt dazu: „In Wahrheit besteht Warrens Kunstfertigkeit vor allem darin, mit seinen Anlagen eine hohe durchschnittliche jährliche Rendite (mitsamt Zinseszinsen) zu erzielen, die nicht der Einkommensteuer unterliegt."

Auch Buffetts Berkshire Hathaway zahlt keine Dividende. Denn je höher der einbehaltene Gewinn, desto höher ist die Wachstumsrate künftiger Gewinne. Die A-Aktie mit Stimmrecht wurde zudem noch nie gesplittet. Dafür hat Buffett seine ganz eigene Erklärung: Der Verzicht auf einen Aktiensplit ist ein Instrument, um gute von potenziellen schlechten Aktionären zu trennen. „Wir wollen solche Leute [als Aktionär], die sich als Unternehmenseigentümer verstehen und in Unternehmen mit der Absicht investieren, eine lange Zeit dabeizubleiben. Und wir wollen solche, die ihr Augenmerk auf das Unternehmensergebnis richten, nicht den Aktienkurs."

Noch einmal auf den Punkt gebracht: Warren Buffett sucht Unternehmen, die nicht mittelmäßig, sondern erstklassig sind. Diese sollten ein „Verbrauchermonopol" besitzen und nicht Massengüter herstellen.

Wie Buffett interpretiert wird

Immer wieder ist in Büchern, die sich mit Warren Buffett beschäftigen, Triviales zu lesen. Rechtsanwalt und Buffett-Fan James Pardoe hat solch ein Buch veröffentlicht („So macht es Warren Buffett"). Im deutschen Untertitel ist sogar von „24 einfache[n] Anlagestrategien des weltweit erfolgreichsten Value Investors" die Rede. Anlagestrategien sind die darin genannten allgemeinen Grundsätze und Binsenweisheiten natürlich nicht. In Anlehnung an das Buch von Pardoe und einige andere folgt hier eine kurze Checkliste mit allgemeinen Ratschlägen für Buffett-Kopierer, über deren Nutzen sich jedoch trefflich streiten lässt. Ich will sie Ihnen aber nicht vorenthalten.

Allgemeine Checkliste

1. Lesen Sie, lesen Sie, lesen Sie.
2. Treffen Sie Ihre Anlageentscheidungen selbst, hören Sie nicht auf Berater jeglicher Art.
3. Vermeiden Sie zuallererst Verluste.
4. Bleiben Sie bei Ihren Leisten und kaufen Sie nur, was Sie verstehen.
5. Kaufen Sie gedanklich Unternehmen, nicht Aktien.
6. Kaufen Sie lieber Lowtech statt Hightech.
7. Nutzen Sie Markteinbrüche zum Kauf.
8. Konzentrieren Sie Ihr Portfolio, anstatt es zu sehr zu diversifizieren.
9. Bewahren Sie Ruhe, verfallen Sie nicht in Aktionismus und bleiben Sie geduldig.
10. Ignorieren Sie die Aktienkurse weitgehend, konzentrieren Sie sich auf die Mikro- anstatt auf die Makroökonomie.

Viel konkreter wird da schon Fondsmanager Robert G. Hagstrom („Warren Buffett: Sein Weg. Seine Methode. Seine Strategie."). Buffetts Weg setzt sich demzufolge aus vier Kategorien und zwölf Grundsätzen zusammen.

Buffetts Weg nach Hagstrom

A. Unternehmens-Grundsätze
1. Ist das Unternehmen einfach und verständlich?
2. Hat das Unternehmen eine konsistente operative Vorgeschichte?
3. Hat das Unternehmen gute langfristige Aussichten?

B. Management-Grundsätze
4. Ist das Management vernünftig?
5. Ist das Management seinen Aktionären gegenüber aufrichtig?
6. Widersteht das Management dem institutionellen Imperativ?

C. Finanz-Grundsätze
7. Wie hoch ist die Eigenkapitalrendite?
8. Wie hoch sind die Owner Earnings (Gewinn + Abschreibungen - notwendige Investitionen) des Unternehmens?
9. Wie hoch sind die Ertragsmargen?
10. Schöpft das Unternehmen aus jedem einbehaltenen Dollar mindestens einen Dollar Marktwert?

D. Wert-Grundsätze
11. Wie hoch ist der Wert des Unternehmens?
12. Kann man es mit einem erheblichen Abschlag auf seinen Wert kaufen?

Das Autoren-Duo Mary Buffett und David Clark bietet mit seinen neun Fragen den nützlichsten Leitfaden, um Buffetts Erfolg auf die Schliche zu kommen. Es geht der Frage nach, wann ein Unternehmen erstklassig ist. Solche Unternehmen sind etwa Hersteller kurzlebiger oder rasch verbrauchter Produkte mit klingendem Markennamen oder beispielsweise Unternehmen mit einer Standarddienstleistung, auf die niemand verzichten kann oder will. Nur in solche Top-Unternehmen investiert das Orakel von Omaha, denn Qualität ist ihm genauso wichtig wie ein guter Preis.

Die Suche nach einem erstklassigen Unternehmen nach Buffett/Clark

1. Verfügt das Unternehmen über ein erkennbares Verbrauchermonopol?
2. Weist das Unternehmen nachhaltig hohe Gewinne mit steigender Tendenz aus?
3. Ist das Unternehmen konservativ finanziert?
4. Erwirtschaftet das Unternehmen nachhaltig hohe Eigenkapitalrenditen?
5. Behält das Unternehmen die Gewinne ein?
6. Mit welchem Investitionsaufwand kann das Unternehmen den laufenden Betrieb aufrechterhalten?
7. Kann das Unternehmen über einbehaltene Gewinne frei verfügen und diese in neue Geschäftsmöglichkeiten, in die betriebliche Expansion oder in Aktienrückkäufe reinvestieren? Wie leistungsfähig ist das Management in diesem Bereich?
8. Hat das Unternehmen Gestaltungsfreiheit bei der Anpassung der Preise an die Inflation?
9. Wird der durch die einbehaltenen Gewinne gestiegene Unternehmenswert auch den Marktwert des Unternehmens erhöhen?

Die Systemkritik

Warren Buffett erklärt selber immer wieder gebetsmühlenartig, dass auch er seinen früheren Erfolg nicht wiederholen könnte. So lag seine jährliche Rendite in den vergangenen zehn Jahren im Schnitt auch nur bei 10,5 Prozent – und nicht wie von 1965 bis 2015 bei jährlich 19,2 Prozent. Sicher haben sich die Zeiten geändert und Buffetts Informationsvorsprung ist in der heutigen Welt mit Computer und Internet geschrumpft. Dafür hat er heute mehr denn je die Möglichkeit, ganze Unternehmen unter seine Kontrolle zu bringen. Beherrscht Buffett ein Unternehmen, hat das aus seiner Sicht einen großen Vorteil: Er kann über die Verwendung des Kapitals der Gesellschaft bestimmen. Und letztlich kann Buffett heute als prominente Persönlichkeit auch Bedingungen diktieren.

Er spendet mittlerweile einen Teil seines riesigen Vermögens. Das ist sehr lobenswert! Er setzt sich aber auch für Geburtenkontrolle ein – und spielt damit Gott. Das steht ihm – Reichtum hin oder her – natürlich nicht zu.

Letztlich ist es wie bei Graham auch. Das System Buffett entstand im Industriezeitalter. Ein Stück weit hat Buffett also sicher aus der Not eine Tugend gemacht, wenn er beispielsweise einen Bogen um Technologie-Unternehmen macht (Ausnahmen: IBM und Apple) und das, obwohl er unter anderem mit Microsoft-Gründer Bill Gates befreundet ist.

Da Buffett nie ein Buch geschrieben hat, ist seine Vorgehensweise weniger transparent als die von anderen Börsenstars. Das ist insoweit nicht schlimm, weil Buffett-Anhänger natürlich einfach die bezahlbare, stimmrechtslose B-Aktie, auch Baby-Berkshires genannt, kaufen können und sich so gar nicht die Mühe machen müssen, den Meister und sein Erfolgsrezept zu kopieren.

Das Erfolgsrezept

Buffett schrieb 1992 in seinem Brief an die Aktionäre von Berkshire Hathaway: „Üblicherweise bedeutet es [Value-Investing] den Kauf von Aktien mit Eigenschaften wie einem niedrigen Kurs-Buchwert-Verhältnis, einem niedrigen Kurs-Gewinn-Verhältnis oder einer hohen Dividendenrendite. Unglücklicherweise sind solche Merkmale, selbst wenn sie in Kombination auftreten, nicht im Entferntesten entscheidend dafür, ob ein Investor tatsächlich etwas kauft, das seinen Preis wert ist, und deshalb wirklich gemäß dem Prinzip handelt, Value-orientiert zu investieren. Entsprechend sind die entgegengesetzten Merkmale – hohes Kurs-Buchwert-Verhältnis, hohes Kurs-Gewinn-Verhältnis und niedrige Dividendenrendite – in keiner Weise unvereinbar mit einem wertorientierten Kauf." Von den klassischen Kennziffern hält er also nichts. Für Buffett sind andere Kennzahlen ausschlaggebend. „Aktien mit niedrigen KGVs sind vielleicht ein hübscher Teich, in dem man nach Ideen angeln kann, aber was sie steigen lässt, sind Cash und hohe Investitionsrenditen." Hat eine Aktie ein KGV von 40 oder mehr, ist sie Buffett zufolge definitiv ein Verkauf – egal welcher Branche sie angehört.

Die Aktienauswahl des erfolgreichsten Investors der Welt, der dadurch zu einem der reichsten Männer der Welt geworden ist, in einen Filter zu pressen, ist gar nicht so einfach. Natürlich lässt sich Buffett nicht (völlig) in die Karten schauen, folgende Schritte sind aber zu identifizieren. Er sucht Unternehmen mit einem Monopol, einer und mehreren starken Marken, wenig konjunktursensitiv, leicht zu verstehen. Dazu ist ihm wichtig, die Gewinne des Unternehmens für die nächsten zehn Jahre möglichst genau vorhersagen zu können. Das Gewinnwachstum der vergangenen zehn Jahre sollte Jahr für Jahr positiv gewesen sein. Eine gute Eigenkapitalrendite – künftig, aktuell wie auch in den vergangenen zehn Jahren – von mindestens zwölf bis 15 Prozent ist eine weitere Grundvoraussetzung. Die Verschuldung des Unternehmens sollte nicht größer als das Zweifache des Gewinns sein. Die liquiden Mittel, der freie Cashflow (Cashflow - Investitionen + Desinvestitionen), sollten positiv sein. Und natürlich sollte die Anfangsrendite einer Aktie (Aktienkurs / Gewinn je Aktie) größer sein als die Rendite langfristiger Anleihen. Dazu kommen noch ein paar andere Kriterien, die allerdings weniger wichtig sind. Ich habe sie mit einem Sternchen als optional markiert (siehe Tabelle).

2.3 **Value-Investing nach Buffett**

Nr.	Kriterium	Bedingung
1	Anlageuniversum	Unternehmen mit Monopol, starker Marke, wenig konjunktursensitiv, leicht zu verstehen
2	Prognosesicherheit	Gute Vorhersagbarkeit der Gewinne über die nächsten 10 Jahre
3	Erwartungen	Eigenkapitalrendite (ROE) erwartet und EPS erwartet, jeweils ≥ 12 % (ideal ≥ 15 %)
4	Gewinnwachstum vergangene 10 J.	EPS stets > EPS im Vorjahr
5	Anfangsrendite (Aktienkurs / EPS)	≥ Rendite langfristiger Anleihen
6	Eigenkapitalrendite (ROE)	> Branchendurchschnitt und ≥ 15 % (aktuell und Durchschnitt 10 Jahre)
7	Langfristige Verschuldung	≥ 2x Gewinn (noch akzeptabel bis ≥ 5x)
8	Freier Cashflow	> 0

EPS: Earnings per Share, Gewinn je Aktie

Nr.	Kriterium	Bedingung
9*	Bruttogewinnspanne	≥ 40 %
10*	Reingewinn	≥ 20 %
11*	Gewinnrücklagen	≥ 12 % (ideal ≥ 15 %)
12*	Kosten	Zinsaufwendungen < 15 % des operativen Gewinns; Investitionsaufwendung < 50 % des Reingewinns
13	KGV	≥ 40 eindeutiges Verkaufssignal

*optional

Quellen

- Berkshire Hathaway Inc., Geschäftsbericht 2016, berkshirehathaway
  .com/2015ar/2015ar.pdf, Stand: 31.12.2015

- Buffett, Mary/Clark, David: Buffettology, Econ, 2000

- Buffett, Mary/Clark, David: So liest Warren Buffett Unternehmenszahlen, Börsenbuchverlag, 2008

- Buffett, Warren/Cunningham, Lawrence A. (Hrsg.): Essays von
  Warren Buffett, FBV, 2006

- Hagstrom, Robert: Warren Buffett. Sein Weg. Seine Methode. Seine
  Strategie., Börsenbuchverlag, 2005

- Pardoe, James: So macht es Warren Buffett, Linde Verlag, 2005

- Schroeder, Alice: Warren Buffett – Das Leben ist wie ein Schnellball,
  FBV, 2009

- Sellers, Patricia: Warren Buffett's secret to staying young: I eat like
  a six-year-old, fortune.com/2015/02/25/warren-buffett-diet-coke/,
  25.2.2015

MICHAEL O'HIGGINS

3

> » Anleger sind von den Dogs of the Dow ermattet. Das ist für gewöhnlich ein Signal dafür, dass die Methode bald ein Comeback feiert.«
>
> Michael O'Higgins, 2000

Michael O'Higgins

Der Erfinder der Dividendenstrategie

Für wen eignet sich die Strategie?

▶ **Anlegertyp:** Anfänger, risikoarm/risikobewusst

▶ **Anlageart:** substanzorientiert, dividendenorientiert, quantitativ

▶ **Anlagehorizont:** mittelfristig/langfristig, 12 bis 36 Monate und länger

▶ **Aufwand:** sehr gering, unter Umständen nur 1 bis 2 Stunden pro Jahr

Michael O'Higgins

Der Börsenstar

Michael B. O'Higgins ist der Urvater der Dividendenstrategie, der Erfinder der „Dogs of the Dow". Hierzulande ist er relativ unbekannt – zu Unrecht.

O'Higgins, der die US-amerikanische Staatsbürgerschaft besitzt, fand erst im Alter von 18 Jahren in den USA seine Heimat. Zuvor war O'Higgins, der 1947 in San Tomé in Venezuela geboren wurde, in Lateinamerika, Südostasien, Nordafrika und Europa unterwegs – stets dort, wo sein Vater als leitender Angestellter in der Mineralölindustrie arbeitete. Der junge O'Higgins besuchte bei diesem wahren Vagabundenleben insgesamt 13 verschiedene Schulen in aller Welt. 1965 war Schluss damit. Fünf Jahre später, 1970, erlangte er seinen Bachelor-Abschluss in Ökonomie am katholischen Siena College in Loudonville, einem Vorort von Albany, der Hauptstadt des US-Bundesstaates New York. Daraufhin arbeitete er zunächst für den Konsumgüterriesen Procter & Gamble, bis er 1971 als Trainee im Aktienhandel bei Spencer Trask & Company – eine der ältesten und angesehensten Research-Boutiquen der Wall Street – seine Karriere in der Finanzbranche begann. Dort wurde er später Institutional Research Salesman – zu einer Zeit, in der die „Nifty Fifty" en vogue waren. Die „schicken fünfzig" Aktien der US-Riesen wie General Electric, Du Pont oder Procter & Gamble koppelten sich seinerzeit vom Markt ab und stiegen stark. Dann kam ein Bärenmarkt mit fallenden Kursen.

1973 und 1974 verloren viele Kunden von O'Higgins, die den Empfehlungen der Spencer-Trask-Analysten gefolgt waren, mehr als die Hälfte ihres Kapitals. In einem Gastbeitrag im *Gloom, Boom & Doom Report* seines Freundes Marc Faber bezeichnete O'Higgins diese Erfahrung als „traumatisches Erlebnis". „Ab diesem Zeitpunkt beschäftigte ich mich damit, mein eigenes Research zu betreiben", erzählte O'Higgins in einem späteren Interview dem *Business Journal*. Er entwickelte sein System. Die Frage, die ihn dabei umtrieb: Wie schlage ich den US-Standardwerte-Index Dow Jones Industrial Average, kurz Dow Jones? Nach einer weiteren Station bei White, Weld & Company gründete er Anfang 1978 seine eigene Investmentgesellschaft O'Higgins Asset Management mit Sitz in Miami Beach, Florida. Das Unternehmen führt er noch heute.

1991 veröffentlichte O'Higgins sein erstes Buch. Dreimal dürfen Sie raten, wie dessen Titel lautet – natürlich: „Beating the Dow" („Schlage den Dow"). Es wurde ein Bestseller, der aber leider nie ins Deutsche übersetzt wurde. Darin beschreibt O'Higgins die Dividendenstrategie, die später als „Dogs of the Dow" in die Geschichte eingehen sollte.

Mit an Bord seiner Investmentfirma sind heute auch Frau Donna und Sohn Colin, einer von vier Söhnen. Ihre vermögenden Kunden müssen mindestens eine Million US-Dollar mitbringen. Als Gebühr veranschlagt O'Higgins Asset Management ein Prozent der verwalteten Summe pro Jahr. Für Anleiheportfolios sind fünf Millionen Dollar nötig. O'Higgins konzentriert sich nicht nur auf Aktien. 1998 schrieb er ein zweites Buch mit dem Titel „Beating the Dow with Bonds", das ein Jahr später erschien. Seinerzeit konnte man mit Zerobonds (Nullkuponanleihen, für die keine laufenden Zinsen gezahlt werden) mehr Rendite erzielen als mit Aktien – und das mit weniger Risiko. „Das war von den frühen 1980er-Jahren bis in die frühen 2000er-Jahre der Fall, ist aber heute nicht mehr so", so O'Higgins.

Das Fernweh hat der Erfinder der Dividendenstrategie seit seiner Jugend nie mehr abschütteln können. Seine zweite große Leidenschaft neben dem Studium der Finanzmärkte: Er reist gerne. Seit 1995 gönnt er sich jedes Jahr eine drei- bis vierwöchige Weltreise, wie er mir persönlich berichtete. Er spielt auch Golf und Tennis, schwimmt gerne und mag gutes Essen und Wein. Vorbilder hat O'Higgins eine ganze Menge – lauter

Personen, die seiner Meinung nach eine positive Zukunftsvision und eine gehörige Portion Mut haben oder hatten, diese Vision auch Wirklichkeit werden zu lassen. Er zählt auf: die US-Präsidenten Calvin Coolidge, Ronald Reagan und George Washington, den Gründungsvater Singapurs, Lee Kwan Yew, den chilenischen Diktator Augusto Pinochet sowie die beiden britischen Staatsoberhäupter Winston Churchill und Margaret Thatcher.

Joseph McGraw, Hedgefonds-Manager und Präsident von Yankee Advisors in Waltham, Massachusetts, bezeichnete O'Higgins im *Miami Herald* als sehr empathisch. O'Higgins sagt von sich selbst ganz bescheiden, er sei „kein modernes Äquivalent von Nostradamus". Auch er kann die Zukunft nicht voraussagen, aber er scheint einen guten Riecher zu haben.

Die Methode

Die einfache Anlagestrategie von O'Higgins verdankt den Namen „Dogs of the Dow" der US-Finanzzeitschrift *Barron's*. „Dog", also Hund, bezeichnet in der amerikanischen Umgangssprache eine minderwertige Sache. Daher wird der Begriff an der Börse für Aktien mit einer schlechten Kursentwicklung in der Vergangenheit verwendet. O'Higgins hat herausgefunden, dass jene Verliereraktien im darauffolgenden Jahr oft die Gewinner sind. Deshalb rät er dazu, die zehn Aktien aus dem 30 Titel umfassenden Dow-Jones-Index auszuwählen, die die höchste Dividendenrendite (Dividende / Aktienkurs x 100 %) aufweisen. Diese Aktiengesellschaften schütten im Verhältnis zum Aktienkurs entweder einen besonders hohen Gewinnbetrag aus oder – deshalb Dogs – ihr Aktienkurs ist besonders niedrig. Die Auswahlprozedur sollen Anleger zu Beginn jedes Jahres wiederholen und ihr Depot entsprechend anpassen – mehr nicht. Sie brauchen dazu keine Banklehre, kein Studium und auch keine Research- oder Geschäftsberichte zu lesen. Zum Haken der Methode kommen wir später.

Im Laufe der Zeit verfeinerte O'Higgins seine Strategie weiter. Er empfahl, von den zehn ausgewählten Aktien nur die fünf mit den (optisch) niedrigsten Kursen zu kaufen. Die Methode ist auch als „Small Dogs of the Dow" sowie im deutschsprachigen Raum als „Low Five" bekannt. Die

Idee dahinter: Diese Aktien sehen aufgrund ihrer Kurse günstiger aus als die anderen. Tatsächlich ist das natürlich nicht der Fall, es scheint aber auf die Anlegerpsyche zu wirken (siehe auch: Kennzahlen kurz erklärt). In den vergangenen zehn Jahren bis Ende 2015 rentierte die Strategie der Website *www.dogsofthedow.com* zufolge mit 12,8 Prozent im Jahr. Die klassischen „Dogs" schafften im selben Zeitraum nur eine jährliche Rendite von 10,6 Prozent, der Dow-Jones-Index legte 9,1 Prozent pro Jahr zu.

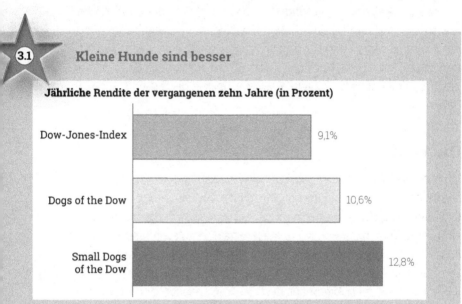

3.1 **Kleine Hunde sind besser**

Jährliche Rendite der vergangenen zehn Jahre (in Prozent)

Dow-Jones-Index	9,1%
Dogs of the Dow	10,6%
Small Dogs of the Dow	12,8%

Die Small Dogs schlagen den Dow-Jones-Index im Schnitt um stolze 3,7 Prozent pro Jahr.

Stand: Ende 2015; Quelle: dogsofthedow.com

Noch einfacher geht es, wenn Anleger aus den „Dogs" nur eine einzige Aktie auswählen, nämlich die mit dem zweitniedrigsten Aktienkurs. Das ist streng genommen, wie auch O'Higgins zugibt, gar kein Portfolio, also auch keine Portfoliostrategie, hat aber, empirisch belegt, in der Vergangenheit gut funktioniert. O'Higgins nennt die Methode „Penultimate Profit Prospect" (PPP). Warum gerade die mit dem zweitniedrigsten Kurs? So schließt er Fehler beim Top-Wert mit dem niedrigsten Kurs aus.

Im Schnitt muss ein Anleger bei den klassischen „Dogs of the Dow" drei bis vier Titel pro Jahr austauschen, so O'Higgins' Erfahrung aus den 90er-Jahren und davor. Wie schon der Untertitel seines Buches („A High-Return, Low-Risk Method for Investing in the Dow Industrial Stocks with as Little as $5,000") verrät, sind für die Strategie nur rund 5.000 Dollar Startkapital nötig. Viel einfacher geht es nicht mehr. Doch es gibt natürlich auch Nachahmungstäter.

Die Brüder David und Tom Gardner, auch als „The Motley Fool" bekannt, kreierten eine Reihe weiterer Abwandlungen der „Dogs". Sinnvoll erscheint mir als einzige jene, bei der Anleger von den zehn „Dogs" nur die kaufen sollen, die im abgelaufenen Geschäftsjahr Gewinne gemacht haben, da eine Dividendenzahlung bei Verlust die Substanz des Unternehmens schmälert.

Doch damit nicht genug. Um die Jahrtausendwende erfand O'Higgins eine weitere Strategie, die mehr als eine Variation ist. Sie war praktisch aus der Not heraus geboren worden – und ist, wie die „Dogs" auch, aus meiner Sicht ein Volltreffer. O'Higgins warnte zur Dotcom- und Neuer-Markt-Manie nämlich vor zu hohen Aktienkursen und fand auch seine „Dogs" nicht mehr attraktiv. Üblicherweise liegt die Dividendenrendite bei US-Aktien im Mittel bei etwa 3,0 Prozent, während des New-Economy-Wahns war sie jedoch auf im Durchschnitt 1,0 Prozent geschrumpft. O'Higgins schichtete komplett in Anleihen um, 1999 etwas zu früh. Doch er war sich sicher. Nicht nur die hohe Bewertung war für ihn ein Argument, sondern auch die Tatsache, dass in jedem Jahrzehnt seit 1900 durchschnittlich vier schlechte Aktienjahre die Regel sind. Ab dem Jahr 2000 bekam er recht und erzielte allein in diesem einen Jahr eine Performance von 71 Prozent. Natürlich blieb er sich dabei treu und agierte erneut ausschließlich nach quantitativen Regeln – ohne von Emotionen getrieben zu werden.

Die Bonds-Methode ist ebenfalls recht simpel. Liegt die durchschnittliche Dividendenrendite des US-Standardwerte-Index S&P 500 mehr als 0,3 Prozent über der Rendite zehnjähriger US-Anleihen (auch Treasuries, benannt nach dem US-Schatzamt Department of the Treasury), sollen der Regel zufolge 100 Prozent des Kapitals in die „Dogs of the Dow" fließen. Liegt die Rendite dagegen darunter, sollen 100 Prozent des

Kapitals nach folgendem Muster in festverzinsliche Wertpapiere investiert werden: Ist der Goldpreis im vergangenen Jahr gestiegen, sollen Anleger Geldmarktpapiere (Treasury Bills) kaufen. Hat sich der Goldpreis kaum verändert, sind Staatsanleihen mit einer Laufzeit von bis zu zehn Jahren die erste Wahl und bei einem gefallenen Goldpreis langfristige Staatsanleihen mit Laufzeiten von zehn bis 30 Jahren. Mit anderen Worten: Anleger sind nach dieser Strategie entweder zu 100 Prozent in Aktien (Dow Dogs), zu 100 Prozent in Anleihen oder zu 100 Prozent in Geldmarktpapiere investiert.

Zu diesem Konzept und den „Dogs of the Dow" kamen im Laufe der Zeit dann noch die „Dogs of the World" hinzu, bis O'Higgins sein MOAR-System entwickelt hat. Als „Dogs of the World" bezeichnet er die fünf regionalen Aktienindizes, die sich im vergangenen Jahr am schlechtesten entwickelt haben. Er setzt die Methode anhand von Indexfonds, Exchange Traded Funds (ETFs), um.

MOAR steht für „Michael O'Higgins Absolute Return". Vorbild für die Methode sind die Erkenntnisse des 2006 verstorbenen Investmentanalysten und Politikers Harry Browne, der sowohl 1996 als auch 2000 US-Präsidentschaftskandidat der Libertarian Party war, eine der größten Drittparteien in den USA. O'Higgins' Modell sieht eine Verteilung des Kapitals auf vier Anlageklassen vor. Das sind die „Dogs of the World", physisches Gold oder Platin, US-Schatzanweisungen und langfristige US-Staatsanleihen. Zunächst sind die Kuchenstücke jeder Anlageklasse mit je 25 Prozent gleich groß. Wenn das vergangene Jahr ein schlechtes Jahr für Aktien war, schichtet das MOAR-Modell um. Jeweils fünf Prozent aus den drei anderen Anlageklassen fließen in Aktien, sodass das Kuchenstück der „Dogs of the World" nun 40 Prozent groß ist. War das vergangene Jahr ein gutes Aktienjahr, wird wieder geviertelt. Die Methode hat sich bisher bewährt.

Ab 2002, genau zum richtigen Zeitpunkt, setzte O'Higgins auch auf Gold und Goldminen-Aktien. Und wieder kam dabei der Dow mit ins Spiel. Denn die typische Relation zwischen Dow-Jones-Stand und Goldpreis je Feinunze ist historisch betrachtet grob 1:10. Genau genommen liegt der Mittelwert der vergangenen 100 Jahre mittlerweile bei 1:11,05, wie meine Berechnungen ergeben haben. Das spricht aktuell, Anfang

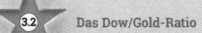

3.2 Das Dow/Gold-Ratio

Dow/Gold-Ratio

Der Stand des Dow geteilt durch den Goldpreis in Dollar ist ein verlässlicher Indikator.

Quelle: boersianer.info

2016, während ich dieses Buch schreibe, für einen steigenden Goldpreis.

O'Higgins hält die Dividendenrendite für eine vertrauenswürdigere Kennzahl als das Kurs-Gewinn-Verhältnis. In der Praxis betrachtet er aber auch die Kursschwankungen, die Volatilität, genauer gesagt den VIX, den Index, der die erwartete Schwankungsbreite des US-Aktienindex S&P 500 ausdrückt. Der VIX ist das amerikanische Pendant zum deutschen VDAX-NEW. O'Higgins verkauft Aktien auch leer (er geht short) und setzt damit auf fallende Kurse. Ein geplantes Buch zu den Aktienmärkten der Schwellenländer hat er unterdessen erst einmal auf Eis gelegt. Das ist nicht verwunderlich angesichts des Einbruchs der dortigen Märkte.

Ein Fan der „Dogs of the Dow"-Methode ist übrigens auch James O'Shaughnessy (siehe Kapitel 9), wenngleich er festgestellt hat, dass sie aus seiner Sicht nicht die allerbeste Strategie ist.

Weniger Kursschwankungen programmiert

Oft haben Aktien mit einer hohen Dividendenrendite auch eine geringere Volatilität. Ihre Kurse schwanken nicht so stark wie die Gesamtheit aller Aktien. Das lässt sich anhand der Dividendenpolitik der Unternehmen erklären. Eine Aktiengesellschaft wird die Gewinnausschüttung, die Dividende, nur dann kürzen oder gar aussetzen, wenn es unbedingt nötig ist. Deshalb wirkt die Dividende auch wie ein Puffer. Ich habe die Erfahrung gemacht, dass man, wenn man sich auf die Suche nach Aktien mit attraktiver Dividendenrendite begibt, fast automatisch auch Aktien findet, deren Kurse weniger stark schwanken. Eine gewisse Schnittmenge liegt nahe.

Aktien mit geringer Volatilität steigen in einem Bullenmarkt gemäßigt, fallen aber in einem Bärenmarkt auch weniger stark. Das haben mehrere wissenschaftliche Studien belegt. Man spricht in diesem Zusammenhang von einer Volatilitätsanomalie. Denn für gewöhnlich hängen Risiko und Rendite sowie Liquidität eng zusammen (auch als Magisches Dreieck bekannt). Je höher das Risiko, desto höher die mögliche Rendite. Aktien mit niedrigen Schwankungsbreiten können über einen längeren Zeitraum jedoch höhere Renditen aufweisen. Diese Anomalie führen Wissenschaftler auf Aspekte der Behavioral Finance, der Verhaltensökonomie, zurück.

Bei der Fondsgesellschaft Invesco, die, wie andere auch, Low-Volatility-Fonds anbietet, hat man drei Ursachen für die Anomalie ausgemacht. 1.) Der Lotterie-Effekt: Aktien mit hoher Volatilität versprechen theoretisch einen höheren Gewinn, weshalb Anleger bereit sind, eine hohe Prämie zu bezahlen, was zu einer Überbewertung volatiler Aktien führen kann. 2.) Selbstüberschätzung und blindes Vertrauen auf den Grundsatz höherer Ertrag für höheres Risiko: Investoren ersetzen Ertragsschätzungen durch Risikoprognosen und treffen falsche Entscheidungen. 3.) Grenzen der Arbitrage: Der Großteil der Investmentfonds ist in seiner Verteilung auf verschiedene Anlageklassen (Asset Allocation) und der Titelselektion an einen Vergleichsindex (Benchmark) gebunden. Dies führt dazu, dass trotz der Kenntnisse über die Volatilitätsanomalie diese nicht ausgenutzt wird und im Umkehrschluss sogar verstärkt werden kann.

Wichtig ist in diesem Zusammenhang, zu wissen, was der konkrete Volatilitätswert aussagen kann. Wenn also beispielsweise eine Aktie auf Basis der vergangenen 30 Tage eine Volatilität von 20 Prozent hat und ihr aktueller Kurs bei 100 Euro notiert, bedeutet das, dass die Aktie von 94,27 bis 105,73 Euro schwankte ($100 \pm 100 \times 20\,\% \times \sqrt{30/365}$). Der Fachmann nennt dies historische Volatilität im Unterschied zur impliziten Volatilität, die nicht auf historischen Kursen beruht, sondern aus Marktpreisen von Optionen abgeleitet wird. Indizes wie der VDAX (historisch) oder der VDAX-NEW spiegeln die Schwankungen des DAX wider.

Die Systemkritik

Ob nun betitelt mit „Auf den Hund gekommen", „Diese Hunde beißen nicht" oder „Let the dogs out" – in jeder Finanzzeitschrift und -zeitung stand mit Sicherheit schon einmal ein Artikel über die „Dogs of the Dow". Zahlreiche Fonds und Zertifikate kopieren den einfachen Ansatz. O'Higgins schätzt, dass etwa 20 Milliarden Dollar in den klassischen „Dow Dogs" stecken. „DAX Dogs" und andere Abwandlungen sind dabei noch gar nicht berücksichtigt. Die Deutsche Börse hat im März 2005 sogar eigens den DivDAX ins Leben gerufen. Der Index setzt sich aus den 15 DAX-Titeln mit der höchsten Dividendenrendite zusammen. Diese Popularität ist natürlich kontraproduktiv. „Die Strategie wurde so populär, dass sie nicht länger als eine antizyklische Strategie funktioniert", wird O'Higgins im *San Francisco Chronicle* bereits 1999 zitiert. Und 2008 kam es dann auch, wie es kommen musste. Wer zur Zeit der Finanzkrise auf die „Hunde" gesetzt hatte, der verlor deutlich mehr als der Gesamtmarkt. Die „Small Dogs" des DAX waren seinerzeit Commerzbank, Deutsche Telekom, Deutsche Post, Lufthansa und ThyssenKrupp. Die fünf Aktien verloren bei Einberechnung der Dividende 2008 im Schnitt 42,2 Prozent, der DAX nur 38,9 Prozent. Beim Dow sieht die Bilanz des Jahres 2008 für AT&T, GM, General Electric, Pfizer und Citigroup noch schlimmer aus. Das Quintett verlor im Schnitt 51,3 Prozent an Wert, der Index nur 28,5 Prozent. Natürlich war 2008 auch ein ganz besonderes Jahr.

Wenn die vermeintlichen Top-Dividendentitel schlechter abschneiden als der gesamte Aktienmarkt, kann das auch daran liegen, dass Anleger gar nicht die Papiere der Unternehmen ausgewählt haben, die die höchsten Gewinne schreiben. Das kann meiner Meinung nach drei Gründe haben.

1. Unternehmen, die eine Dividende ausschütten, zahlen diese womöglich auch in einem schlechten Jahr – aus Gewinnrücklagen, vorausgesetzt, ihre Eigenkapitalquote ist üppig oder sie haben einen hohen Bestand an liquiden Mitteln. Denn viele von ihnen zahlen lieber eine konstant hohe Dividende, als Negativschlagzeilen einzuheimsen.
2. Aktienrückkaufe, die immer mehr in Mode kommen, sind Gewinnausschüttungen, die bei einer Dividendenstrategie gar nicht berücksichtigt werden.
3. Eine Buy-and-hold-Strategie, also einmal Aktien kaufen und liegen lassen, wie dies bei der Dividendenstrategie der Fall ist und wie es einst Börsenguru André Kostolany empfahl, ist heutzutage ein überholtes Konzept.

Grundsätzlich ist die einfache „Dogs of the Dow"-Methode eine, die man kennen sollte, wenngleich Kritiker bemängeln, die Zusammenhänge seien nicht eindeutig zu benennen. Logisch ist die Strategie aber allemal. Aktien mit einer hohen Dividendenrendite sind nicht nur günstig, sondern das Management ist auch von seinem Unternehmen überzeugt und bereit, einen relativ hohen Gewinn auszuschütten. Das sind natürlich gute Voraussetzungen für die Zukunft, die an der Börse gehandelt wird. Der Haken, den ich vorhin ansprach: Die Methode funktioniert häufiger nicht, vermutlich, weil sie so populär ist. O'Higgins sagt selbst, man solle besonders dann auf die „Dogs" setzen, wenn sie im Vorjahr nicht funktioniert haben. Die Strategie setzt auf unbeliebte Titel, ist die Strategie zudem unbeliebt, ist das eine Art doppelter Effekt, der sich auszahlen sollte.

Seine weiteren Konzepte sind sicher nicht jedermanns Sache. Komplett aus Aktien auszusteigen und auf eine andere Anlageklasse zu setzen etwa bereitet vielen Anlegern Bauchschmerzen. Man könnte auch sagen, seine Diversifikationsstrategie ist sehr risikoreich. Die Mischung und eine breite Streuung (Diversifikation) des Kapitals ist nicht O'Higgins' Sache.

Das Erfolgsrezept

Ich beschränke mich hier auf die Variationen der „Dogs of the Dow". O'Higgins favorisiert Dow-Unternehmen, weil ihre immense Finanzkraft, ihre große Belegschaft und ihr breites Produkt- oder Dienstleistungsspektrum ein Dow-Portfolio zu einer konservativen Anlage machen. Die Methodik ist verschiedenen Studien zufolge aber auch bei anderen Indizes wie DAX, EuroStoxx 50 oder FTSE 100 erfolgreich. Wichtig ist die Wahl von Standardwerten (Blue Chips, Large Caps). Bei Nebenwerten (Small Caps) funktioniert die „Hunde"-Formel nicht so gut! Und wie alle Anlagestrategien wird sie auch nicht in jedem Jahr den Gesamtmarkt übertreffen. Bei allen Strategien filtern Anleger zunächst die zehn Aktien mit der höchsten Dividendenrendite heraus. Entweder sie investieren in alle zehn oder nur in die fünf mit dem niedrigsten Aktienkurs oder nur in die eine Aktie mit dem zweitniedrigsten Kurs. Nach zwölf Monaten überprüfen sie ihre Wahl und passen sie an. Fertig.

⭐ 3.3 O'Higgins' „Hunde"

Dogs of the Dow

Nr.	Kriterium	Bedingung
1a	Anlageuniversum	Dow Jones oder DAX*
2a	Dividendenrendite	Top 10 der 30
3a	Kaufen/Verkaufen	nach 1 Jahr**

Small Dogs of the Dow (auch Low Five)

Nr.	Kriterium	Bedingung
1b	Anlageuniversum	Dow Jones oder DAX*
2b	Dividendenrendite	Top 10 der 30
3b	Aktueller Aktienkurs	5 der Top 10 mit dem niedrigsten Kurs
4b	Kaufen/Verkaufen	nach 1 Jahr**

PPP (Penultimate Profit Prospect)

Nr.	Kriterium	Bedingung
1c	Anlageuniversum	Dow Jones oder DAX*
2c	Dividendenrendite	Top 10 der 30
3c	Aktueller Aktienkurs	1 der Top 10 mit dem zweitniedrigsten Kurs
4c	Kaufen/Verkaufen	nach 1 Jahr**

*alternativ: oder anderer Index, aber nur Standardwerte; **nicht zwingend zum 1.1. des Jahres

Quellen

- Abelson, Alan: Sound and Fury, Barron's, 16.4.2011

- Brackey, Harriet Johnson: Top Money Manager Has Record of Being Right, The Miami Herald, 2.3.2003

- dogsofthedow.com

- Gale, Kevin: Shorting Indexes, Buy Gold Stocks Gives 41.8 % Return, The Business Journal, South Florida, 5.7.2002

- Hanke, Ulrich W.: Börsenwissen kompakt, Bloggingbooks, 2012

- Hanley, William: O'Higgins Makes Dark Case for Gold – Dow dogs author makes a big call, Financial Post, 23.2.2002

- Invesco: Fund Insights – Low-Volatility-Ansatz für Aktien: Alphapotenzial mit reduziertem Verlustrisiko, März 2013

- Kangas, Paul: Market Monitor: Michael O'Higgins, President of O'Higgins Asset Management, Nightly Business Report (Transkript), 21.11.2007

- Kim, James/Krantz, Matt: Should you let sleeping dogs lie?, USA Today, 28.4.2000

- Miller, Erika: The Good Riddance 2008 Rally, Nigthly Business Report (Transkript), 31.12.2008

- O'Higgins Asset Management, Inc., ohiggins.com

- O'Higgins, Michael B.: Beating the Dow, HarperBusiness, 2000

- O'Higgins, Michael B.: Beating the Dow with Value, The Gloom, Boom & Doom Report, 1.1.2008

- O'Higgins, Michael B.: Should You Still Buy US Dollar Bonds?, The Gloom, Boom & Doom Report, 20.4.2001

- O'Higgins, Mike.: E-Mail vom 22.1.2016

JOEL GREENBLATT

4

Joel Greenblatt

Der Mann mit der magischen Formel

Für wen eignet sich die Strategie?

- **Anlegertyp:** Anfänger, risikobewusst
- **Anlageart:** substanzorientiert, quantitativ
- **Anlagehorizont:** sehr langfristig, mindestens 36 bis 60 Monate
- **Aufwand:** gering, 1 bis 2 Stunden pro Woche

Joel Greenblatt

Der Börsenstar

Joel Greenblatt ist Value-Investor, legendärer Hedgefonds-Manager von Gotham Capital und Erfinder einer Börsen-Zauberformel. Greenblatt, 1957 im kleinen, wohlhabenden Vorort Great Neck auf Long Island im Staat New York geboren, ist im deutschsprachigen Raum recht spät und erst durch sein zweites Buch bekannt geworden. „The Little Book that Beats the Market" heißt der Bestseller aus dem Jahr 2005, welcher im Deutschen den schönen Titel „Die Börsen-Zauberformel" trägt. Er soll sich weltweit mehr als 300.000-mal verkauft haben. Erfolgreich an der Börse ist Greenblatt aber schon seit 1985. Da war er erst 27 Jahre alt, als er zusammen mit Robert Goldstein den (später legendären) Hedgefonds Gotham Capital gründete, einen kaum regulierten und extrem erfolgreichen Investmentfonds.

Greenblatt stammt aus einer jüdischen Familie, sein Vater war ein Schuhfabrikant. Joel Greenblatt hat fünf Kinder. Seinen Bachelor machte er 1979 summa cum laude, mit Bestnote, seinen Master of Business Administration (MBA) nur ein Jahr später an der Wharton School der University of Pennsylvania. Dem eigenen Bekunden des Value-Investors nach braucht es diesen Uni-Abschluss aber gar nicht, um an der Börse erfolgreich zu sein, wie er selbst schreibt.

Zum Start des Hedgefonds, der sowohl auf steigende als auch auf fallende Aktienkurse setzte, befand sich Gotham Capital in der luxuriösen

Ausgangssituation, rund sieben Millionen US-Dollar vom Junkbond-King, dem Ramsch-Anleihen-König Michael Milken, zu erhalten. Das hat sich für Milken gelohnt. Von 1985 bis zum Erscheinen des zweiten Buches 2005 erzielte Greenblatt im Schnitt eine jährliche Rendite von rund 40 Prozent. Damit überflügelte er auch Warren Buffett (siehe Kapitel 2) – zumindest zeitweise.

Der Journalist und Buchautor Andrew Tobias beschreibt Greenblatt als „wirklich schlau, wirklich bescheiden, wirklich gutwillig und – jetzt kommt das Ungewöhnliche – wirklich erfolgreich". Diese Beschreibung lässt sich noch um „engagiert und umtriebig" sowie „offen und ehrlich" ergänzen. Denn „die meisten Profis und Wissenschaftler" könnten Privatanlegern gar nicht dabei helfen, besser als der Markt abzuschneiden, gibt Profi Greenblatt selbstkritisch zu. Privatanleger könnten sich nur selber helfen. Wie wahr!

Nach zehn Jahren, 1995, zahlte Gotham Capital alle Anteilseigner aus und verwaltete bis 2009 nur noch die Gelder der Partner des Hedgefonds. Der Grund laut dem US-Finanzmagazin *Barron's*: Das Fondsvolumen wurde zu groß, um mit dem Ansatz von Gotham Capital noch Erfolg zu haben. So blieb Greenblatt mehr Zeit für die Familie und für soziales Engagement. 1996 wurde er Lehrbeauftragter an der Columbia Business School in New York. Dort hält er zusammen mit Daniel Yarsky bis heute den Kurs „Value & Special Situation Investment". 1997 schrieb Greenblatt dann sein erstes Buch („You Can Be A Stock Market Genius"/„Auch Sie haben das Zeug zum Börsengenie"). Er engagierte sich für benachteiligte Schüler und wurde Vorsitzender des Success Charter Network in New York City, einem Netzwerk, welches Schulen in New Yorker Brennpunkten betreibt.

Von 1994 bis 1995 war Greenblatt darüber hinaus Aufsichtsratsvorsitzender des Rüstungskonzerns Alliant Techsystems, dessen Aufsichtsrat er weiter bis 2000 angehörte.

Auch mehrere Websites rief er ins Leben. So gründete er 1999 zusammen mit Gotham-Partner und Studienkollege John Eric Petry (später Gründer von Sessa Capital) den Value Investors Club, kurz VIC (*www.valueinvestorsclub.com*). In dem exklusiven Klub können einige wenige Top-Investoren ihre Ideen teilen. Zweimal im Monat gibt es 5.000 Dollar für die beste Investmentidee zu gewinnen. Gefragt sind ausgiebige Aktienanalysen. Nach einer Anmeldung sind die Ideen für jedermann frei einsehbar. Ebenfalls gratis ist die Datenbank *www.magicformula-investing.com*, die Greenblatt 2011 lancierte. Diese soll es Anleger erleichtern, die Zauberformel aus seinem Buch von 2005 anwenden zu können. Das Buch zur Zauberformel beruht auf ausgiebigem Research. Die magische Formel für den Börsenerfolg besteht nichtsdestotrotz aus nur zwei Kennzahlen: Gewinn- und Kapitalrendite. Dazu gleich mehr.

Auf den Hedgefonds Gotham Capital und die Auszeit folgte laut der Nachrichtenagentur *Reuters* 2010 die Firma Gotham Asset Management, für die Greenblatt noch heute als Geschäftsführender Gesellschafter und Investmentstratege fungiert. Vier Fonds bietet die Gesellschaft mittlerweile an. Der erste Publikumsfonds startete 2012. Mit einer Mindestanlagesumme von jeweils 250.000 Dollar sind die Hedgefonds allerdings nicht für jedermann geeignet. Auch die Gebühren sind happig, aber für Hedgefonds durchaus üblich.

4.1 Greenblatts neue Fonds für Vermögende

Gothams Hedgefonds	Investmentansatz	Auflegung	Volumen (in Mio. $)	Kosten p. a. (in %)
Gotham Absolute Return Fund	50 % - 60 % Net Long	31.8.2012	1.855	2,15
Gotham Enhanced Return Fund	100 % Net Long	31.5.2013	947	2,14
Gotham Neutral Fund	marktneutral	30.8.2013	680	2,16
Gotham Absolute 500 Fund	40 % - 70 % Net Long	31.7.2014	16	2,25

Stand: 15.1.2016; Quelle: gothamfunds.com, morningstar.com
Für deutsche Privatanleger gibt es als Alternative den Merrill Lynch Investment Solutions – Gotham U. S. Equity Long Short UCITS Fund EUR C Acc., ISIN: LU1144785471

Greenblatt ist bekannt dafür, aus Sondersituationen wie Abspaltungen (Spin-offs), Fusionen, Pleiten, Restrukturierungen et cetera Kapital zu schlagen. Ebenso soll er häufig persönlich für Marketingaktivitäten parat stehen.

Greenblatts Fonds können ein extremes Turnover Ratio von bis zu 400 Prozent haben. Das bedeutet: Das gesamte Portfolio eines Fonds wird viermal im Jahr komplett ausgetauscht. Der Value-Investor setzt aus einem Universum von rund 2.000 Aktien auf 300 Titel, die seiner Meinung nach steigen werden (long), und 300, deren Kurs fallen soll (short). Dabei ist die Gewichtung nicht zwingend gleich. Ist sein Fonds beispielsweise 60 Prozent netto long, kann es sein, dass er zu 120 Prozent long ist und zu 60 Prozent short (120 - 60 = 60).

Die Methode

Greenblatts Anlageuniversum sind laut seiner Aussage in seinem Buch zur Zauberformel die 3.500 größten Unternehmen, die an den großen amerikanischen Börsen gehandelt werden. An anderer Stelle ist häufiger von 2.000 bis 2.500 US-Aktien die Rede. Diese Aktien sortiert er nach der Kapitalrendite (alternativ: Eigenkapitalrendite).

$$\text{Eigenkapitalrendite} = \frac{\text{Gewinn}}{\text{Eigenkapital}} \times 100\%$$

In einer zweiten Liste sortiert er die Werte nach der Gewinnrendite (alternativ: KGV). Zu den Kennzahlen gleich mehr.

$$\text{Kurs-Gewinn-Verhältnis (KGV)} = \frac{\text{Aktienkurs}}{\text{Gewinn je Aktie}}$$

Attraktiv sind die Titel mit der besten Kombination, nicht mit der besten Kapitalrendite oder der besten Gewinnrendite. Dabei sind die beiden Kennzahlen gleichgewichtet. Mit dieser Methode sucht Greenblatt „gute

Unternehmen zu Schnäppchenpreisen", wie er es nennt. Klar, dass Greenblatt, wenn er die Spreu vom Weizen trennt, in der Praxis nicht nur auf die besten Titel setzt, sondern eben auch die schlechtesten leerverkauft, also auf fallende Kurse spekuliert. Ich rate Ihnen davon aber ab. Konzentrieren Sie sich lieber auf die guten Aktien, das ist schon schwierig genug. Greenblatt: „Es kann mehrere Jahre dauern, bis Mr. Market [der Gesamtmarkt] ein Schnäppchen als solches erkennt. Deshalb braucht man für die Zauberformel Geduld."

Die Größe der Unternehmen und die Marktkapitalisierung (Anzahl der frei verfügbaren Aktien x Aktienkurs) spielen bei der Zauberformel übrigens keine Rolle. Sie können die Strategie also genauso gut mit DAX- wie auch SDAX-Titeln umsetzen. Es gilt allerdings: Je größer das Ausgangsuniversum, desto besser. Die Mehrrendite der Zauberformel gegenüber dem Gesamtmarkt geht zudem mit einem geringeren Risiko (Volatilität, Kursschwankungen) einher.

Doch wie ist der Erfolg der Zauberformel zu erklären? Was macht den Zauber aus? 1.) Unternehmen mit hoher Kapitalrendite haben oft die Möglichkeit, ihre Gewinne ganz oder teilweise zu hohen Ertragssätzen zu investieren, so Greenblatt. Mit anderen Worten: Die Unternehmen weisen oft ein hohes Gewinnwachstum auf. 2.) Unternehmen, die mit ihrem Kapital hohe Renditen erzielen, sind etwas Besonderes, ist es doch nicht einfach, Investments, die hohe Erträge abwerfen, zu finden. Oft beruht dies auf einem besonderen Vorteil, den die Konkurrenz nicht besitzt (Monopol, starke Marke, technischer Vorsprung). 3.) Die Zauberformel teilt automatisch die Unternehmen in jene mit normaler Kapitalrendite und jene mit einer überdurchschnittlichen Rendite auf. Andernfalls würden Anleger, wenn sie zu einer normalen Aktie greifen, in der Regel ein unterdurchschnittliches Unternehmen zu einem überdurchschnittlichen Preis erwerben.

In einem Interview im Kundenmagazin der Royal Bank of Scotland (RBS) rät Greenblatt zu einem Anlagehorizont von mindestens drei bis fünf Jahren: „Dabei sollte man sich auch klarmachen, dass man während dieser Zeit mindestens einmal in der Verlustzone sein wird." Das ist allerdings auch völlig normal. Keine Anlagestrategie, unabhängig davon, wie gut oder logisch sie ist, funktioniert die ganze Zeit.

Noch ein paar Grundregeln von Greenblatt: 1.) Wie Value-Vorreiter Warren Buffett betrachtet auch er eine Aktie als Unternehmensbeteiligung. In seinen Augen geht es allerdings nicht darum, beispielsweise ein Prozent an einem Unternehmen zu besitzen, also etwa x Stühle und Schreibtische, sondern darum, einen Anspruch auf ein Prozent am gesamten Gewinn zu haben. 2.) Der Gewinnanteil des Anlegers am Unternehmensgewinn muss mehr einbringen als eine praktisch risikolose Staatsanleihe (falls es die in der heutigen Zeit überhaupt noch gibt). 3.) Kaufen Sie nur zu Schnäppchenpreisen, was laut Greenblatt mit der Zauberformel gelingt. 4.) Der Aktienmarkt verhält sich wie ein Verrückter, bewegt sich kurzfristig heftig auf und ab – ignorieren Sie das. Denn die Bewegungen am Aktienmarkt haben nichts mit dem Wert des Unternehmens zu tun. 5.) Halten Sie sich in guten wie in schlechten Zeiten an Ihre Strategie.

Exkurs

Problematische Zusammensetzung der Aktienindizes

Ist es Ihnen mit zwei Kennzahlen zu schwierig? Greenblatt entwickelte einfach eine noch simplere Strategie. Stichwort: gleichgewichtete und fundamental gewichtete Indizes.

Die meisten hoch bezahlten Fondsmanager können ihren Vergleichsindex, ihre Benchmark nicht schlagen. Warum dann nicht gleich sein Geld in den Index stecken? Das geht heutzutage ganz einfach mit einem Indexfonds (Exchange Traded Fund, kurz ETF). Diese Fonds bilden einen Index wie etwa den deutschen Leitindex DAX mehr oder weniger eins zu eins nach – entweder durch Derivate (Swaps) oder besser durch die tatsächlichen Aktien. Doch ein Index hat auch seine

Schwächen. In der Regel wird ein Aktienindex starr nach dem Börsenwert der Unternehmen (Marktkapitalisierung) konstruiert. Dieser errechnet sich aus der Zahl der Aktien eines Unternehmens, die sich im Streubesitz befinden, mal deren Kurs. Aktien von Unternehmen, die stark gestiegen sind, sind also überproportional stark im Index vertreten. Günstige, stark gefallene Papiere mit einem niedrigen Kurs sind dagegen im Index unterrepräsentiert. Doch gerade diese haben oft das größte Kurspotenzial. Der Hintergrund: Indizes dienten lange Zeit nicht als Investmentvehikel beziehungsweise als Basiswert eines Investments, sondern als Maßstab dafür, wie sich Märkte entwickeln. Nutzt man Indizes für Investments, sind neue Konzepte nützlich, zum Beispiel gleichgewichtete Indizes.

Um Marktübertreibungen auszugleichen, sind gleichgewichtete oder fundamental gewichtete Indizes gut geeignet. Greenblatt nennt fundamental gewichtete Indizes gar die wahre Zauberformel für den Börsenerfolg. Bei solchen Indizes richtet sich die Gewichtung der einzelnen Aktien nach Kennzahlen der Unternehmen. Die bekanntesten der noch immer seltenen Gattung sind die RAFI-Indizes des US-Analysehauses Research Affiliates. Kriterien sind der Umsatz, der Mittelzufluss (Cashflow) und die Dividenden der vergangenen fünf Jahre sowie der aktuelle Substanzwert der Vermögensgegenstände (Buchwert) der Unternehmen. Je größer diese Werte, desto größer das Gewicht im Index. Zu den RAFI-Indizes bieten etwa die Firmen Lyxor und PowerShares ETFs an.

Auch Zertifikate-Emittenten vertreiben entsprechende Produkte, teils auch auf selbst entwickelte Indizes. Die Österreichische Raiffeisen Centrobank etwa bietet ein Zertifikat auf den ATX Fundamental an. Der Index ist gewichtet nach Gesamtkapitalrendite, Netto-Dividendenrendite und Kurs-Buchwert-Verhältnis der vergangenen drei Jahre. Weit verbreitet sind die Indizes nicht, dazu ist die Materie zu spröde. Wo der DAX steht und ob das gut oder schlecht ist, bekommen die Deutschen vor der „Tagesschau" präsentiert. Unter einem FTSE RAFI Europe aber kann sich kaum jemand etwas vorstellen. Doch gerade darin liegt eine Chance: Anlagestrategien, denen nicht jeder folgt, können ungemein ertragreich sein.

Unter *www.valueweightedindex.com* hat Greenblatt eine Website zum Thema Indexing ins Leben gerufen.

Er stellt folgende logische Kette auf: 1.) Fondsmanager haben es schwer, den Markt zu schlagen. Eine gewinnbringende Strategie eines Fondsmanagers muss per Definition vom Markt abweichen. Das hat zur Folge, dass es auch Perioden gibt, in denen der Fondsmanager schlechter als der Markt abschneidet. 2.) Einen guten Fondsmanager herauszufiltern ist für Anleger nicht einfach. Haben sie diesen ausgemacht, hat der Fondsmanager unter Umständen so viel Kapital eingesammelt, dass es ihm schwerfällt, die ursprüngliche Erfolgsstrategie fortzuführen. 3.) Nach Börsenwert gewichtete Indizes schneiden oft besser ab als Fondsmanager. Gleichmäßig gewichtete Indizes schlagen marktkapitalisierte Indizes. Fundamental gewichtete Indizes schlagen gleichgewichtete Indizes und Value-gewichtete die fundamentalen Indizes.

4.2 Aktienbarometer im Vergleich

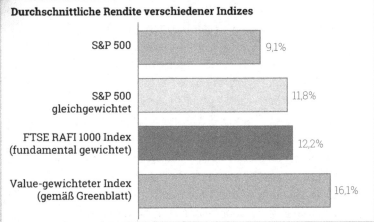

Durchschnittliche Rendite verschiedener Indizes

S&P 500	9,1%
S&P 500 gleichgewichtet	11,8%
FTSE RAFI 1000 Index (fundamental gewichtet)	12,2%
Value-gewichteter Index (gemäß Greenblatt)	16,1%

Greenblatts Untersuchung zufolge schnitt der marktgewichtete Index S&P 500 am schlechtesten ab (20-Jahres-Durchschnitt; Untersuchungszeitraum 1990-2010). Quelle: valueweightedindex.com

Über klassische Indexfonds urteilt Greenblatt in seinem Buch „Auch Sie haben das Zeug zum Börsengenie" übrigens wie folgt: „Man bezeichnet diese Strategie auch als aufgeben." Denn nur so gut wie der Gesamtmarkt abzuschneiden ist für den Value-Investor kein akzeptables Ziel. Der Finanzjournalist Andrew Tobias nennt Greenblatts Zauberformel hingegen einen Indexfonds Plus.

Die Systemkritik

Die klassische Zauberformel von Joel Greenblatt ist denkbar einfach. Anleger müssen demnach das Aktienuniversum nur nach zwei Kennzahlen filtern: Kapital- und Gewinnrendite. Eine solche magische Formel habe Greenblatt zufolge übrigens bereits Benjamin Graham (siehe

Kapitel 1) aufgestellt. In seinem Buch erklärt Greenblatt die Formel äußerst langatmig seinem Sohn Ben, der in Wirklichkeit Matt heißt, und anhand von Jason aus der sechsten Klasse. So versteht die Materie wirklich jeder, auch jeder Börsenneuling. Die Lektüre des Buches wird jedoch zur Qual. Wie ich bereits in meinem früheren Blog „Hankes Börsen-Bibliothek" schrieb, macht er dies wahrscheinlich auch, weil sonst sein Buch einfach zu dünn geworden wäre.

Denn der Ansatz ist so einfach wie genial: Gute Unternehmen finden Anleger durch die Kaptialrendite und ob sie ein Schnäppchen sind, können sie anhand der Gewinnrendite ermitteln. Das klingt eigentlich zu einfach. Und das ist dann auch der Knackpunkt. Greenblatt sagt selbst: „Leider ist es so, dass einen die Zauberformel nicht reich macht, wenn man nicht daran glaubt." Und man muss stur daran festhalten. „Andernfalls hören Sie wahrscheinlich damit auf, bevor die Zauberformel überhaupt eine Chance hat, zu funktionieren."

Dass die einfache Methode nicht immer besser abschneidet als der Gesamtmarkt, daraus macht der Value-Investor gar kein Geheimnis. Von 1988 bis 2004 entwickelte sich der US-Standardwerte-Index S&P 500 mit den größten 500 amerikanischen Aktiengesellschaften vier- von 17-mal besser, schreibt Greenblatt in seinem Buch. Die Trefferquote lag in diesem Zeitraum also bei rund 76,5 Prozent. Die Zauberformel verlor ihre Magie vier Jahre in Folge von 1995 bis 1998.

Im Schnitt erreichte sie jedoch ein Plus von 30,8 Prozent pro Jahr, während der S&P 500 jährlich nur 12,4 Prozent an Wert zulegte. Doch Achtung: „Häufig funktioniert die Zauberformel über mehrere Jahre nicht", sagt selbst der Zauberer Greenblatt. Was mir an dem Ansatz besonders gut gefällt: Er ist ein Mix aus Graham- und Buffett-Stil.

In der Praxis geht Value-Investor und Hedgefonds-Manager Greenblatt selbstverständlich auch nach seiner Formel vor. Anders als bei seiner Empfehlung an Privatanleger greift er aber nicht nur zu den gemäß seinen zwei Kennzahlen besten Titeln, sondern verkauft auch die schlechtesten leer – er wettet also auf fallende Kurse. Das bringt unter Umständen noch mehr Rendite, ist aber auch risikoreicher und schwieriger zu handhaben und deshalb für Privatanleger nicht unbedingt empfehlenswert.

Das Erfolgsrezept

Ausgangspunkt ist die folgende Überlegung Greenblatts: „Wir wollen mit unseren Anlagen viel mehr verdienen als mit völlig risikofreien Anlagen." Da ist man schnell bei Aktien. Greenblatt beschränkt sich auf die 3.500 größten Unternehmen an den großen amerikanischen Börsen. Finanztitel und Versorger sowie ausländische Aktien (American Depositary Receipt, ADR) klammert er jedoch ausdrücklich aus. Eine Einschränkung bei der Marktkapitalisierung gibt es hingegen nicht. Greenblatt empfiehlt fünf bis acht Aktien, maximal 20 bis 30 Aktien.

Als Kapitalrendite zieht Greenblatt den Gewinn vor Zinsen und Steuern (EBIT, Earnings Before Interest and Taxes) heran und dividiert diesen durch die Summe aus Nettoumlaufvermögen und Nettoanlagevermögen, den materiellen Kapitaleinsatz. Greenblatt bevorzugt dieses Verhältnis, weil es einen besseren Vergleich zulässt als etwa die Eigenkapitalrendite (ROE, Return on Equity) oder die Gesamtkapitalrendite (ROA, Return on Assets), die allerdings alternativ Anwendung finden können. Der Vorsteuergewinn blendet unterschiedliche Steuersätze aus. Der Kapitaleinsatz berücksichtigt, wie viel Kapital wirklich für den Betrieb des Unternehmens nötig ist.

Auch bei der Gewinnrendite greift Greenblatt auf das EBIT zurück und dividiert es durch den Unternehmenswert. Diesen definiert er wie folgt: Marktkapitalisierung (einschließlich Vorzugsaktien) plus zinspflichtige Schulden. So wird auch die Schuldenfinanzierung berücksichtigt, die das Unternehmen für den Betriebsgewinn aufwenden muss. Alternativ lässt sich aber auch das Kurs-Gewinn-Verhältnis (KGV) verwenden. Dabei sollten Anleger Aktien aussortieren, die extrem günstig sind (KGV < 5), denn diese niedrige Bewertung ist eher ein Warn- als ein Kaufsignal.

Nachdem Anleger zwei entsprechende Ranglisten angefertigt und daraus die Aktien mit der besten Kombination gewählt haben, rät Greenblatt, ein Depot in mehreren Schritten aufzubauen (siehe Tabelle Seite 98).

In Sachen Verkäufe empfiehlt Greenblatt: „Mit den schlechten handeln, in die guten investieren." Hat er eine Aktie nur wegen einer außerordentlichen Veränderung (etwa Fusion oder Abspaltung) gekauft oder wegen einer besonderen Situation als Schnäppchen erkannt, dann verkauft er, sobald sein Informationsvorsprung geschmolzen ist. Aktien von Unternehmen mit qualitativ hochwertigem Geschäft hält er auch länger. Seine Zauberformel sieht dagegen einen Verkauf ein Jahr nach dem Einstand vor.

4.3 Greenblatts magisches Rezept

Nr.	Kriterium	Bedingung
1a	Kapitalrendite: EBIT / (Nettoumlaufvermögen + Nettoanlagevermögen)	Top 5 bis 30 in Kombination mit Nr. 2
1b	Alternativ: Eigenkapitalrendite	> 25 %
2a	Gewinnrendite: EBIT / Unternehmenswert	Top 5 bis 30 in Kombination mit Nr. 1
2b	Alternativ: niedrigstes KGV	< 5 lieber aussortieren
3*	5 bis 7 Aktien kaufen	20 bis 33 % der Anlagesumme investieren
4*	alle 2 bis 3 Monate Aktien kaufen	max. 20 bis 30 Aktien
5	Verkauf jeder Aktie nach 1 Jahr, Neustart	Methode mind. 3 bis 5 Jahre anwenden, unabhängig vom Resultat

*optional; EBIT: Earnings Before Interest and Taxes, Gewinn vor Zinsen und Steuern;
KGV: Kurs-Gewinn-Verhältnis

Quellen

- Berger, Peter (Interview): Es gibt derzeit nur wenige Orte, wo man sich als Anleger verstecken kann, Märkte & Zertifikate (Hrsg.: RBS), Mai 2010

- Fox, Michelle: Gotham's Joel Greenblatt likes these stocks, CNBC, 5.6.2014

- gothamfunds.com

- Greenblatt, Joel: Auch Sie haben das Zeug zum Börsengenie, Börsenmedien, 2007

- Greenblatt, Joel: Das Geheimnis erfolgreicher Anleger, Börsenbuchverlag, 2012

- Greenblatt, Joel: Die Börsen-Zauberformel – Wie Sie den Markt mit Leichtigkeit schlagen, Börsenmedien, 2006

- Hanke, Ulrich W.: Die Zauberformel, WirtschaftsWoche, Nr. 25, 18.6.2012

- Hankes Börsen-Bibliothek, blog.boersianer.info/gibt-es-wirklich-eine-zauberformel-fuer-boersenerfolg/, 31.8.2011

- magicformulainvesting.com

- Max, Sarah: Writing a Bigger Book, Barron's, 23.8.2014

- Ramirez, Philip V.: Joel Greenblatt Introduces Gotham Asset Management, LLC, Reuters, 5.10.2010,

- Smith, Randall: A Book, Four Funds and a Flood of Cash, New York Times, 23.10.2014

- valueinvestorsclub.com

- valueweightedindex.com

JOHN NEFF

» Wenn man von einer Aktie zu schwärmen beginnt, ist es Zeit, sie zu verkaufen.«

John Neff, 1999

John Neff

Der Schnäppchen-jäger

Für wen eignet sich die Strategie?

- **Anlegertyp:** Fortgeschrittene/Profis, risikobewusst
- **Anlageart:** substanzorientiert, antizyklisch
- **Anlagehorizont:** langfristig, 18 bis 36 Monate
- **Aufwand:** mittel, 4 Stunden pro Woche

John Neff

Der Börsenstar

John B. Neff ist ein antizyklischer Value-Investor, wenngleich er sich so nicht bezeichnen möchte, und als Manager des Vanguard Windsor Fund bekannt geworden. Sein Fonds erzielte eine der besten Wertentwicklungen aller Zeiten.

Die wenigsten US-Amerikaner kennen ihn und hierzulande hat vermutlich fast niemand jemals von John Neff gehört. Neff wurde 1931 in Wauseon, Ohio, geboren – inmitten der Zeit der Großen Depression. Seine Eltern ließen sich scheiden, als Neff drei Jahre alt war. Durch die unermüdliche Arbeit des Großvaters und der Familie konnte sich Neffs Mutter über Wasser halten. Neffs Großtante und Großonkel betrieben ein Lebensmittelgeschäft, das allerdings später pleiteging. Die Mutter heiratete erneut und zog mit Kind und Kegel nach Texas.

Neff war kein besonders guter Schüler. Er sah seinen leiblichen Vater ganze 14 Jahre nicht. Und trotzdem spielte er mit dem Gedanken, in der Autozulieferer-Firma seines Vaters einzusteigen. Sein Vater lehrte ihn, genau auf den Preis zu achten, den man im Einkauf bezahlt. Sein Unternehmen machte Neff darüber hinaus klar, dass auch langweilige Geschäftsmodelle sehr viel Geld abwerfen können.

Neff ging zwei Jahre lang zur Marine. 1955 schloss er sein Bachelor-Studium an der University of Toledo summa cum laude ab. Vergessen waren die schlechten Schulzeugnisse. Sydney Robbins, Head of Department of Finance der Uni, arbeitete eng mit Benjamin Graham zusammen und brachte Neff zum Value-Investing. Neff war acht Jahre lang als Wertpapieranalyst für die National City Bank of Cleveland tätig. 1958 machte er seinen MBA an der Case Western Reserve University, einer Privathochschule in Cleveland, Ohio. Er heuerte 1963 bei Wellington Management Co. an und übernahm ab 1964 den Windsor, Gemini and Qualified Dividend Fund, später Vanguard Windsor Fund. Der Fonds wurde in den 1980er-Jahren für neue Anleger geschlossen, so erfolgreich und groß war er geworden. Neff verwaltete ihn bis zu seinem Ruhestand 1995. In seinen rund 31 Jahren Amtszeit von Juni 1964 bis Dezember 1995 erzielte der Fonds eine Rendite von 13,7 Prozent pro Jahr. Der Aktienindex S&P 500 legte im selben Zeitraum nur um jährlich 10,6 Prozent zu. 22 Mal schnitt der Fonds besser als der Index ab. (Das entspricht einer Quote von 71 Prozent.) Für Laien mag das vielleicht nicht berauschend klingen, aber das ist es. Neff übertraf den Markt im Mittel nicht nur jedes Jahr um 3,1 Prozent. Wer 1964 beispielsweise 10.000 Euro (beziehungsweise seinerzeit noch 20.000 DM) in seinen Fonds gesteckt hätte, hätte 1995 rund 565.000 Euro gehabt. Bei einem Indexinvestment in den S&P 500 wäre es nicht einmal die Hälfte gewesen, sondern nur rund 230.000 Euro! (Währungseffekte bleiben dabei unberücksichtigt.)

5.1 Neffs Performance

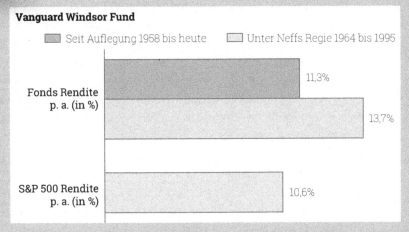

Vanguard Windsor Fund

- Seit Auflegung 1958 bis heute
- Unter Neffs Regie 1964 bis 1995

Fonds Rendite p. a. (in %): 11,3% / 13,7%

S&P 500 Rendite p. a. (in %): 10,6%

Der Vanguard Windsor Fund schlug den Markt unter Neffs Regie deutlich.

Stand: 31.12.2015; Quelle: Vanguard Group, eig. Recherche

Vanguard kennen Sie übrigens durch John C. Bogle, den Urvater der Indexfonds, der Exchange Traded Funds (ETFs). Nebenbei: Großer Befürworter von Vanguards Indexfonds ist kein Geringerer als Warren Buffett. Er wünsche sich, dass nach seinem Tod ein Großteil des Vermögens seiner Holding Berkshire Hathaway im Vanguards Fonds US 500 anlegt werde, der den S&P-500-Index nachbildet. In den USA ist Neff Insidern auch als Investor der Investoren, als Profi unter den Profis bekannt, weil viele von ihnen in den Vanguard Windsor Fund investierten.

Heute erinnern Lehrstühle und Fakultäten an Neff. Die Wharton School benannte eine Professur nach ihm, den John B. Neff Professor of Finance. Das University of Toledo College of Business benannte das Department of Finance nach John B. and Lillian E. Neff. Mit dem Buch „John Neff on Investing" machten Steven Mintz und er seine Methode 1999 bekannt.

Die Methode

Neff war in seiner aktiven Zeit einer der besten Fondsmanager der Welt. Wie Warren Buffett ist auch Neff ein Value- und Contrarian-Investor. Neff selbst bevorzugt allerdings den Begriff „Low-Price-Earnings Investor" (Niedrig-KGV-Investor). Denn sein wichtiger Auswahlfilter ist ein niedriges Kurs-Gewinn-Verhältnis (KGV). Neff hofft so Aktien zu finden, die übermäßig und ungerechtfertigt stark unterbewertet sind, Aktien, die nicht in Mode, die unbeliebt sind, die gerade niemand haben will. Das KGV sollte seinen Regeln zufolge 40 bis 60 Prozent unter dem Marktdurchschnitt liegen. Aktien, die so günstig sind, haben oft reihenweise Negativschlagzeilen produziert. Genau danach sucht Neff. Der Autor einer Website beschreibt Neffs Stil auch als „Hardcover Value".

Diese unbeliebten Schnäppchen müssen allerdings noch weitere Kriterien erfüllen. Denn es könnte ja auch sein, dass sie aus gutem Grund einen niedrigen Preis haben – weil sie nämlich wirklich nichts mehr wert sind! Also betrachtet Neff das Gewinnwachstum aus verschiedenen Richtungen. Das Gewinnwachstum pro Aktie muss bei mehr als sieben Prozent liegen. Zudem sollte es im Vergleich zum Vorjahresquartal wachsen. Wer das noch weiter treiben will, der achtet auf die Analystenschätzungen: Der Konsens für das künftige Gewinnwachstum pro Aktie sollte wiederum über sechs Prozent liegen. Und – jetzt kommt Neffs Zauberformel – das jährliche Gewinnwachstum plus Dividendenrendite geteilt durch das KGV sollte größer sein als das durchschnittliche Gewinnwachstum des gesamten Marktes oder der Branche plus Durchschnittsdividendenrendite geteilt durch das Durchschnitts-KGV multipliziert mit 2.

$$\frac{\text{EPS-Wachstum} + \text{Dividendenrend.}}{\text{KGV}} > \frac{\text{Ø-EPS-Wachstum} + \text{Ø-Dividendenrend.}}{\text{Ø-KGV} \times 2}$$

Das klingt zunächst einmal kompliziert und mathematisch, doch die Aktien mit den niedrigen KGVs lassen sich recht schnell finden. Danach müssen sich Anleger Schritt für Schritt vortasten bis zum letzten Kriterium, das dann auch seinen Schrecken verliert. Sie dürfen ohnehin davon ausgehen, dass Sie nicht viele Aktien finden, auf die diese Kriterien zutreffen.

Neff suchte tatsächlich noch in der Zeitung nach Aktien mit niedrigem KGV, die zeitgleich ein neues 52-Wochen-Tief markierten und über die negativ berichtet wurde. Ein niedriges KGV geht übrigens oft Hand in Hand mit einer hohen Dividendenrendite, merkt Neff an. Er bevorzugt Aktien, deren Dividendenrendite zwei Prozent über dem Marktdurchschnitt liegen.

Gründe, eine Aktie zu verkaufen, kennt er nur zwei: Entweder die fundamentalen Daten haben sich geändert oder das erwartete Kursziel ist erreicht.

Exkurs · Das KGV

Das Kurs-Gewinn-Verhältnis, kurz KGV, ist die bekannteste, beliebteste und vermutlich auch die meistbeachtete Kennzahl. Im Englischen heißt die Kennzahl Price-Earnings-Ratio, abgekürzt PER, PE oder auch P/E.

$$\text{Kurs-Gewinn-Verhältnis (KGV)} = \frac{\text{Aktienkurs}}{\text{Gewinn je Aktie}}$$

Die Kennzahl besagt, mit welchem Gewinnvielfachen eine Aktie an der Börse bewertet wird. Oft ist der Gewinn für die Zukunft geschätzt (KGVe). Manchmal heißt es, dass das KGV angibt, wie viele Jahre es dauern würde, bis das Unternehmen den Wert seiner Aktien als Gewinn erwirtschaftet hat.

Generell gilt ein KGV von unter 10 als günstig, teils auch von unter 7. Je nach Markt beziehungsweise Index sind heute Durchschnittswerte von 15 bis 25 normal.

Ein Beispiel: Die Aktie des Chemie-Riesen BASF hat einen Gewinn je Aktie von 5,60 Euro und notiert in unserem Beispiel bei aktuell 60,00 Euro.

$$\text{KGV} = \frac{60,00 \text{ Euro}}{5,60 \text{ Euro}} = 10,7$$

Würde man die Regel mit einem KGV von 10 nun streng auslegen, wäre die Aktie als teuer einzuordnen oder als annähernd fair bewertet. Analysten gehen für das nächste Jahr in unserem Beispiel von einem Gewinn je Aktie von 4,90 Euro aus. Das entspricht dann einem KGVe von 12,2 und sieht noch teurer aus. Der Durchschnitt des KGVs der vergangenen zehn Jahre von BASF liegt allerdings bei 13,3, sodass aus dieser Sicht die Aktie wiederum nicht über-bewertet erscheint. Bei einem KGV von 13,3 und einem Gewinn je Aktie von 4,90 Euro hätte die Aktie Potenzial bis 65,17 Euro (13,3 x 4,90 Euro). Das entspräche einem Plus von 8,6 Prozent und wäre in etwa die Größenordnung, die der DAX pro Jahr steigt.

Einige Kritikpunkte sprechen gegen das KGV. 1.) Die Gewinne sind manipulierbar, etwa durch die Bildung oder Auflösung stiller Reserven. 2.) Geschätzte Gewinne können sehr ungenau sein. So sind das Verbraucherverhalten, der Wett-bewerb oder Produktlebenszyklen nicht genau vorhersehbar. 3.) Oft werden die Gewinne auch von (Sell-Side-)Analysten geschätzt, bei denen ein Interessenkonflikt bestehen kann. 4.) Oft weisen Unternehmen verschiedene Gewinnkennzahlen aus. 5.) Einmalige Aufwendungen oder außerordentliche Erträge können das Bild verzerren.

Zwei Ansätze sollten die Schwächen des KGV ausmerzen. Das ist zum einen das dynamische KGV, welches das KGV in Relation zu dem erwarteten Gewinnwachstum setzt (auch als PEG bekannt). Dieses wird für Wachstumswerte eingesetzt. Aktien mit einem PEG unter 1 gelten als günstig.

$$\text{PEG} = \frac{\text{KGV}}{\text{erwartetes Gewinnwachstum}}$$

Zum anderen ist es das Shiller-KGV oder auch Graham-Dodd-KGV, das Durchschnitts-KGV der vergangenen zehn Jahre – oft noch inflationsbereinigt. In unserem vorherigen Beispiel ist dies das KGV von 13,3.

Die Systemkritik

Anfang 2012 stellte ich John Neff, sein Buch und seine Strategie in meinem Blog „Hankes Börsen-Bibliothek" vor. Am Beispiel des deutschen Leitindex DAX exerzierte ich seinerzeit Neffs Filter einmal durch. Damals fiel die Wahl auf nur zwei Aktien: BMW (Stammaktie) und Volkswagen (Vorzugsaktie). Bei VW durchkreuzte nicht zuletzt der Skandal um manipulierte Abgaswerte in den USA eine gute Entwicklung bis ins Jahr 2016 hinein. Die BMW-Aktie schnitt zwar gut ab, konnte aber auch nicht mit dem gesamten Index mithalten – ein unbefriedigendes Ergebnis. Der Test war natürlich bei Weitem nicht umfangreich genug, um repräsentativ zu sein, er lässt aber Kritik am Ansatz zu.

5.2

Aktienempfehlungen nach Neffs Erfolgsrezept ("Hankes Börsen-Bibliothek")

Aktie	Kurs am 17.1.2012 (in €)	Kurs am 17.1.2013 (in €)	Ren-dite 1 Jahr (in %)*	Kurs am 17.1.2014 (in €)	Rendite 2 Jahre (in %)*	Kurs am 19.1.2015 (in €)	Ren-dite 3 Jahre (in %)*	Kurs am 18.1.2016 (in €)	Ren-dite 4 Jahre (in %)*
BMW	62,04	74,06	23,1	86,21	43,0	94,22	56,1	78,10	30,6
VW Vz.	132,00	178,40	37,5	203,35	56,8	192,65	49,0	110,35	-12,7
DAX zum Vergleich	6.332,93	7.735,46	22,1	9.742,96	53,8	10.242,35	61,7	9.521,85	50,4

*inklusive Dividende; Vz.: Vorzugsaktie; jeweils Schlusskurs

Es liegt der Schluss nahe, dass – zumindest aktuell – ein niedriges Kurs-Gewinn-Verhältnis (KGV) kein hinreichendes Kriterium für eine gute Aktienauswahl ist. Darauf stützt sich Neffs Methode allerdings besonders stark.

Positiv zu beurteilen ist die Tatsache, dass Neff und seine Vorgehensweise nahezu unbekannt sind. Allerdings ähnelt sein Erfolgsrezept denen anderer Value-Investoren, was es wiederum weniger attraktiv macht. Neff hat sich zudem stets mit den Vorständen der Unternehmen getroffen, was Privatanlegern natürlich nicht möglich ist.

Das Erfolgsrezept

Im Mittelpunkt des Erfolgsrezepts von Neff steht ein niedriges KGV. Dass die Bewertung ungerechtfertigt niedrig ist, erkennt er daraufhin am Gewinnwachstum (siehe Tabelle 5.3). Neff bevorzugt solide Unternehmen, die in Wachstumsfeldern tätig sind. Sein Fonds umfasste 70 bis 80 Aktien. Deren Dividendenrendite lag regelmäßig zwei Prozent über dem Marktdurchschnitt. Ich empfehle als vorsichtigen Filter eine absolute Mindesthöhe von zwei Prozent, denn Sie sollen ja noch Aktien finden, die alle Kriterien erfüllen, und die hohe Dividendenrendite geht oft einher mit dem niedrigen KGV.

Neff agierte in seiner aktiven Zeit teilweise extrem: Wenn er der Meinung war, Automobil-Aktien oder Finanztitel seien günstig, dann gewichtete er die Sektoren stark über. 1988 soll sein Fonds beispielsweise zu 37 Prozent in Finanztitel investiert gewesen sein. Ein solches Klumpenrisiko sollten Privatanleger lieber vermeiden und ihr Risiko besser breiter auf verschiedene Branchen verteilen.

5.3 Neffs Schnäppchen-Rezept

Nr.	Kriterium	Bedingung
1	KGV	> 40 bis 60 % des Marktdurchschnitts
2	EPS-Wachstum	> 7 %
3	EPS-Wachstum	> EPS Wachstum Vorjahresquartal
4*	EPS-Wachstum, geschätzt	> 6 %
5	(EPS-Wachstum + Dividende) / KGV	> (Gewinnwachstum des Marktes oder der Branche + Durchschnittsdividende) / Durchschnitts-KGV x 2
6	Dividendenrendite	> 2 % (ideal > Marktdurchschnitt + 2 %)

*optional; KGV: Kurs-Gewinn-Verhältnis; EPS: Earnings per share, Gewinn je Aktie

Quellen

- beginnersinvest.about.com/od/investorsmoneymanagers/a/john_neff.htm
- Hankes Börsen-Bibliothek, blog.boersianer.info/kennen-sie-diesen-star-investor/, 17.1.2012
- investopedia.com/university/greatest/johnneff.asp
- Neff, John/Mintz, Steven L.: John Neff on Investing, John Wiley and Sons, 1999
- valuewalk.com/john-neff/

PETER LYNCH

6

»Jeder private Anleger
kann mit Aktien reich
werden, wenn er nur seine
Hausaufgaben macht.«

Peter Lynch, 1995

Peter Lynch

Das Chamäleon

Für wen eignet sich die Strategie?

- **Anlegertyp:** Fortgeschrittene, risikobewusst/risikoreich
- **Anlageart:** substanzorientiert/wachstumsorientiert, antizyklisch
- **Anlagehorizont:** mittelfristig/langfristig, 6 bis 36 Monate
- **Aufwand:** hoch, 6 bis 8 Stunden pro Woche

Peter Lynch

Der Börsenstar

Peter Lynch ist ein sehr erfolgreicher, genialer Fondsmanager und trägt den Spitznamen „Chamäleon", weil er verschiedene Strategien sehr flexibel verfolgt. Er ist nicht mit Edmund C. Lynch verwandt, dem Mitbegründer der Investmentbank Merrill Lynch.

Als Peter Lynch, der 1944 in Boston zur Welt kam, zehn Jahre alt war, verstarb sein Vater an einem Gehirntumor. Der bösartige Krebs war drei Jahre zuvor, 1951, diagnostiziert worden. Sein Vater war Mathematikprofessor, arbeitete aber lieber als Wirtschaftsprüfer. Seine Mutter musste die Familie nach dem Tod des Vaters alleine durchbringen. Ein Jahr nach dem Tod seines Vaters, mit elf Jahren, begann Lynch sich auf dem Golfplatz des Brae Burn Country Club in West Newton, Massachusetts, als Caddie etwas dazuzuverdienen. Während er die Tasche mit den Golfschlägern trug und bei der Wahl eines Schlägers half, hörte er den Spielern bei ihren Gesprächen ganz genau zu. Viele von ihnen waren Vorstände sowie Banker, die ihre Investmentideen austauschten. Für fünf Golftipps erhielt er oft fünf Aktientipps, wenngleich er kein Geld zum Investieren hatte. Lynch jobbte auch als Student noch als Caddie und bekam sogar das Francis-Ouimet-Caddie-Stipendium, mit dem er einen Teil der Kosten seines Studiums finanzieren konnte.

Lynch studierte Geschichte, Psychologie und Philosophie am Boston College, wo er 1965 sein Studium abschloss. 1963 kaufte er seine erste Aktie: Flying Tiger Airlines zu sieben US-Dollar. Nach weniger als zwei Jahren stand die Aktie bei 32,75 Dollar – sein erster Verfünffacher. Er kaufte die Aktie allerdings unter falschen Voraussetzungen, ging von steigenden Zahlen im normalen Luftfahrtgeschäft aus. Die Aktie legte dagegen aufgrund des Vietnamkrieges zu, da die Fluggesellschaft Truppen und Militärmaterial transportierte und damit viel Geld verdiente.

Auf dem Golfplatz lernte Lynch den Präsidenten der Fondsgesellschaft Fidelity, George Sullivan, kennen. Sullivan empfahl Lynch, sich für ein Praktikum in den Semesterferien zu bewerben, welches Lynch voller Stolz absolvierte. Nach seinem Studienabschluss arbeitete er 1966 erneut für Fidelity als Analyst (Branchen: Papier, Druck und Chemie). Dann ging Lynch zur Armee. Von 1967 bis 1969 diente er als Leutnant der Artillerie zunächst in Texas, später in Korea. Seinerzeit litt er laut eigener Aussage an „Börsenentzug". Während seiner Militärzeit heiratete er 1968 seine Frau Carolyn, die er während seines Studiums kennengelernt hatte. 1968 erlangte er an der Wharton School der University of Pennsylvania seinen MBA.

1969 begann Lynch bei Fidelity schließlich als fest angestellter Analyst (Branchen: Textil, Bergbau, Chemie) und machte Karriere. Mitte 1974 wurde er zum Direktor der Abteilung Wertpapieranalyse befördert. Mitte 1977 übernahm er den Fidelity Magellan Fonds (Symbol: FMAGX). Seinerzeit hatte der Fonds ein Volumen von nur 18 Millionen Dollar und bestand aus 40 Positionen. Lynch steigert die Zahl der Positionen auf bis zu 1.400! Es machten Witze die Runde wie: Können Sie mir eine Aktie nennen, die Lynch nicht besitzt? Das Volumen des Magellan Fonds stieg von 1977 bis 1990 auf unglaubliche 14 Milliarden Dollar.

6.1 Fidelity Magellan Fonds

Manager	Amtszeit	Fondsvolumen in Mio. $ bei Ausscheiden
Edward Johnson, III.	5/1963 – 12/1971	20
Richard Habermann	1/1972 – 5/1977	18
Peter Lynch	5/1977 – 5/1990	14.000
Morris J. Smith	5/1990 – 7/1992	20.000
Jeffrey N. Vinik	7/1992 – 6/1996	50.000
Robert E. Stansky	6/1996 – 10/2005	52.500
Harry W. Lange	10/2005 – 9/2011	14.700
Jeffrey S. Feingold	9/2011 – heute	–

Stand: 31.12.2015; Quelle: Fidelity Investments

Lynch erzielte eine jährliche Rendite von 29,2 Prozent und damit regelmäßig eine doppelt so hohe wie der US-Aktienindex S&P 500. In seiner Amtszeit übertraf er den Index in elf von 13 Jahren. Am 31. Mai 1990 gab er den Fidelity Magellan Fonds ab, genau 13 Jahre, nachdem er ihn übernommen hatte. Da war Lynch 46 Jahre alt. Mit 46 Jahren starb auch sein Vater.

Er hatte 18 Monate lang kein Buch mehr gelesen, keinen Sport getrieben, kaum Zeit für die Familie, auch kein Footballspiel gesehen und innerhalb von zwei Jahren nur drei Opern. Lynch: „Das bringt mich zu Peters Prinzip Nummer 1: Schlagen die Opern die Footballspiele 3:0, dann weißt du, dass in deinem Leben etwas schiefläuft." Also stieg er aus, um mehr Zeit für seine drei Töchter, seine Frau und sich zu haben. Als Fondsmanager arbeitete er an sechs von sieben Tagen in der Woche. An anderer Stelle ist sogar die Rede von rund um die Uhr, 24/7. Er war ein Workaholic. Offiziell fungierte er nach seiner Mandatsniederlegung als Fondsmanager bei Fidelity noch als Berater. Obwohl viele Anleger seinerzeit Anleihen favorisierten, brach er weiterhin eine Lanze für Aktien.

Lynch schrieb zusammen mit dem Journalisten John Rothchild drei Bücher: „Der Börse einen Schritt voraus" (Original: „One up on Wall Street", 1989), „Aktien für alle" („Beating the Street", 1993) und „Lynch 3" („Learn Earn", 1995). Das erste Buch ist meiner Meinung nach mit Abstand das beste des Trios.

Die Methode

Ich möchte mit einer guten Nachricht für Privatanleger beginnen und einer schlechten für die Finanzbranche. Peter Lynch schreibt in seinem Buch „Der Börse einen Schritt voraus" nämlich: „20 Jahre in diesem Geschäft haben mich davon überzeugt, dass jeder normale Mensch, der die üblichen drei Prozent seines Gehirns benutzt, bei der Aktienauswahl mindestens genauso gut, wenn nicht besser liegen kann als der durchschnittliche Börsenexperte." Schießt sich Lynch mit dieser Aussage ins eigene Knie? Nein! Denn Lynch ist wie alle vorgestellten Börsenstars aus diesem Buch alles andere als ein durchschnittlicher Börsenexperte.

Er erklärt das natürlich aus der Sicht eines Managers eines riesigen Fonds. Dieser weiß weder von einem kleinen Unternehmen, das bald zum Überflieger und damit groß wird, noch könnte er im frühen Stadium in es investieren. Denn aufgrund des großen Fondsvolumens würde er schnell das ganze Unternehmen kaufen.

„Der Börse einen Schritt voraus" ist eines der ersten Börsenbücher, das ich in jungen Jahren verschlungen habe. Ein Beispiel ist mir besonders in Erinnerung geblieben. Lynch war gerade Analyst für die Textilbranche bei Fidelity, da machte ihn seine Frau Carolyn auf eine Marke namens L'Eggs aufmerksam. L'Eggs gibt oder gab es direkt an der Supermarktkasse – damals etwas völlig Neues. Die Frauenstrumpfhosen sind in einer Art Plastikei verpackt. Hersteller von L'Eggs ist Hanes. Die Aktie von Hanes versechsfachte sich, bis das Unternehmen von einem Konkurrenten übernommen wurde. Ohne den Tipp seiner Frau wäre Peter Lynch auf diese Aktie vermutlich nie oder erst viel später aufmerksam geworden. Dem Beispiel folgend sollen und können Privatanleger gute Aktien viel leichter finden als Profis.

Lynch rät Anlegern ab, auf irgendeine konkrete Aktienempfehlung eines Profis zu hören. Sie sollten solche Tipps überhaupt nicht beachten. Anleger sollten lieber ihre eigenen Analysen durchführen. Warum? Auch ein Börsenprofi wie Lynch kann falschliegen. Und wenn er richtigliegt, erfährt der Anleger nicht, wann der Profi seine Meinung ändert oder aussteigt. Außerdem ist der Privatanleger wie beschrieben oft auch noch näher dran als der Profi. Dieser muss zudem Hunderte von Aktien im Auge behalten, während der Privatanleger sich auf einige wenige konzentrieren kann.

Denn ein einziges tolles Investment reicht schon, um aus einem guten Depot ein sehr gutes zu zaubern. Lynch spricht von einem „Tenbagger" (von ten, englisch für zehn). Ein Tenbagger ist eine Aktie, mit der man sein Geld verzehnfacht. Ein simples Rechenbeispiel: Stellen Sie sich vor, Sie hätten ein Depot mit zehn Aktienpositionen, die alle einen Wert von je 1.000 Euro haben. Der Gesamtwert des Depots liegt also bei 10.000 Euro. Nun verzehnfacht sich ein Titel, während alle anderen der Einfachheit halber unverändert notieren. Ein solches Depot würde durch diesen einen Tenbagger um 9.000 Euro an Wert zulegen – also eine Gesamtrendite von 90 Prozent abwerfen. Ein Tenbagger ist ein Glücksfall, die Hauptsache ist, dass die Mehrheit Ihrer Aktienauswahl im Plus liegt. Lynch: „Sechs Gewinner von zehn möglichen sind alles, was Sie brauchen, um an der Börse ein beneidenswertes Ergebnis zu erzielen."

Er rät dazu, die Aktien zu finden, die noch kein Fondsmanager und noch kein Analyst auf dem Radarschirm haben. Dann sollten Anleger die Aktien als Anteil an einem Unternehmen betrachten und kurzfristige Schwankungen an der Börse ignorieren. Anleger sollten ferner von Prognosen und durchschnittlichen Börsenprofis Abstand nehmen. Und dann empfiehlt er auch noch: „Kaufen Sie erst einmal ein Haus, bevor Sie in Aktien investieren." Doch dies ist beim heutigen Preisniveau ein Ratschlag, den Sie meines Erachtens nicht unbedingt befolgen sollten.

Lynch teilt Aktien in sechs verschiedene Kategorien ein: wachstumsschwache, stetige wachsende, wachstumsstarke, zyklische, substanzspekulative und Turnaround-Werte. Energieversorger beispielsweise gehören zu den Wachstumsschwachen, Technologieunternehmen zu den Wachstumsstarken. Zu den Stetigen zählen Konsumgüterhersteller,

Autobauer sind wiederum Zykliker. Bei jeder Aktienkategorie agiert Lynch anders. Er trägt wegen seiner Flexibilität bei der Geldanlage auch den Spitznamen „Chamäleon". Denn so wie ein Chamäleon seine Farbe an die äußere Umgebung anpasst, so passt er häufig seine Strategie an. Mir gefällt der Vergleich besonders gut, weil das Chamäleon auch noch seine Augen unabhängig voneinander in verschiedene Richtungen drehen kann. Es wechselt übrigens die Farbe weniger zur Tarnung, sondern vielmehr zur Kommunikation mit seinen Artgenossen. Auch das passt sehr gut zu Lynch, den ich in einem Artikel einmal als Top-Netzwerker beschrieben habe.

Er steht dem Kurs-Gewinn-Verhältnis (KGV) durchaus skeptisch gegenüber, Anleger sollten es aber nicht völlig außer Acht lassen. Laut Lynch ist die Wachstumsrate des Gewinns ein guter Ansatzpunkt. „Ein KGV, das die Hälfte der Wachstumsrate beträgt, ist sehr positiv zu beurteilen, während eines, das das Doppelte der Wachstumsrate beträgt, sehr negativ zu bewerten ist." Lynch interessiert das dynamische KGV, auch PEG (KGV / geschätztes Gewinnwachstum). Weitere wichtige Kennzahlen sind für ihn: Umsatzanteil, Barreserven, Verschuldungsgrad, Dividenden, aber auch Buchwert, Cashflow, Vorräte und Pensionspläne.

Die in Lynchs Augen ideale Aktie

1. Der Firmenname klingt langweilig – oder, noch besser, lächerlich.
2. Die Firma beschäftigt sich mit Trivialem.
3. Die Firma produziert etwas Unangenehmes.
4. Die Firma ist ein Ableger, eine ausgegliederte, ehemalige Sparte.
5. Institutionen besitzen sie nicht, Analysten verfolgen sie nicht.
6. Die Gerüchteküche kocht über: Das Unternehmen hat mit Giftabfällen und/oder der Mafia zu tun.
7. Das Unternehmen hat etwas Deprimierendes an sich.
8. Die Branche stagniert.
9. Das Unternehmen agiert in einer Nische.
10. Man muss es [das Produkt/die Dienstleistung] immer wieder kaufen.
11. Das Unternehmen ist ein Nutznießer neuer Technologien.
12. Insider kaufen.
13. Das Unternehmen kauft eigene Aktien zurück.

Auch für den Verkauf hat Lynch Regeln definiert. Eine wachstums-schwache Aktie verkauft er nach 30 bis 50 Prozent Kursgewinn oder wenn sich die fundamentalen Daten verschlechtert haben, zum Beispiel wenn das Unternehmen Marktanteile verloren hat oder keine neuen Produkte entwickelt. Stetig wachsende Aktien verkauft er bei einem starken Anstieg des KGV (auf 15, während der Marktdurchschnitt bei 11 bis 12 liegt), wenn sich die Wachstumsrate verlangsamt, in einer wichtigen Sparte Probleme auftreten oder niemand aus dem Manage-ment, kein Insider, in den vergangenen zwölf Monaten Aktien gekauft hat. Einen Wachstumstitel verkauft Lynch, wenn die Umsätze neuer Läden und die Filialen selbst floppen, Topmanager das Unternehmen verlassen, eine Promotiontour bei institutionellen Investoren ein extrem gutes Bild vermittelt oder das KGV bei 30 oder 40 liegt, die Gewinn-schätzungen aber deutlich niedriger ausfallen.

Exkurs

Was Lynch von Fondsmanagern hält und was Sie wissen sollten

Ob Lynch so über seine Branche hergezogen hätte, wenn er nicht 1990 im Alter von nur 46 Jahren als Fondsmanager aufgehört hätte und nicht so erfolgreich gewesen wäre? Man weiß es nicht! Aber er lässt kaum ein gutes Haar an der Mehrzahl seiner Kollegen. Lynch spricht von „doppelzüngigen Börsenprofis", von „08/15-Fondsmanagern", „lustlos oder sich bereits im Koma befindlich", von „Speichelleckern", „Mitläufern" und „Nachahmern". Die Liste scheint fast unendlich. Querein-steiger gebe es dagegen so gut wie keine. Lynch: „Wir sind, ganz offen gestanden, ein ziemlich einheitlicher Haufen." Und das ist ein großes Problem. Denn so einheitlich (schlecht) sind auch die Ergebnisse der meisten Fondsmanager. Verschiedenen Untersuchungen zufolge schlagen nur rund 20 Prozent aller Fondsmanager ihre Benchmark, ihren Vergleichsindex. 80 Prozent sind ihr Geld also nicht wirklich wert.

Neben der Fondsgröße und der Cashquote führt Lynch einen weiteren Grund dafür an: Fondsmanager suchen Begründungen, aufregende Aktien nicht kaufen zu müssen. Denn es geht nicht nur um Erfolg, es geht auch immer darum, nicht schlecht auszusehen. Also legen sich Fondsmanager Argumente bereit, falls die Aktien steigen, die sie nicht ausgewählt haben.

Lynch hackt auf den Kollegen herum, damit wir Anleger uns bewusst werden, wie Fondsmanager ticken. Warum ist das wichtig, wenn wir keine Fonds kaufen, sondern nur Aktien? Auch darauf hat Lynch eine Antwort: „Da 70 Prozent aller Aktien der großen Unternehmen von Institutionen kontrolliert werden, ist es äußerst wahrscheinlich, dass Sie mit diesen Leuten konkurrieren, wann immer Sie Aktien kaufen oder verkaufen."

Was man für die Börse an Mathematik benötigt, lernt man in der vierten Klasse, ist sich Lynch sicher. Aus seiner Sicht sind andere Qualitäten jenseits einer Banklehre und eines Wirtschafts- oder Mathematikstudiums gefragt: „Das Börsengeschäft ist eine Kunst und keine Wissenschaft und die Leute, die darauf getrimmt werden, alles starr auszurechnen, sind ganz klar im Nachteil." Und die nötigen Eigenschaften haben oft erfolgreiche Privatanleger. Was braucht es Lynch zufolge? Zwölf Eigenschaften:

1. Geduld
2. Selbstvertrauen
3. Gesunder Menschenverstand
4. Eine gewisse Leidensfähigkeit
5. Offenheit für verschiedene Meinungen
6. Objektivität
7. Ausdauer
8. Bescheidenheit
9. Flexibilität
10. Die Bereitschaft, eigene Nachforschungen anzustellen
11. Die ebenso große Bereitschaft, Fehler einzugestehen
12. Die Fähigkeit, allgemeine Panik zu ignorieren

In seinem Buch „Lynch 3" geht er ausführlich auf Investmentfonds ein. Wenn Anleger einen Fonds kaufen wollen, dann aber bitte einen Aktienfonds. Anleihe- oder Mischfonds sollten Anleger meiden. Die Begründung dafür ist ganz einfach: „In acht von neun Jahrzehnten des [20.] Jahrhunderts haben Aktien die Anleihen im Ertrag geschlagen."

Die Systemkritik

Viel kann man an Lynch und seinen Erfolgen eigentlich nicht aussetzen. Dennoch gibt es aber aus meiner Sicht einige Punkte zu bedenken. Ganz so einfach, wie sich etwa das Beispiel mit L'Eggs anhört, ist es leider nicht. Einen Tenbagger muss man erst einmal finden. Ein spezielles Problem: In Deutschland sind viele Unternehmen gar nicht börsennotiert. Also selbst, wenn uns an der Supermarktkasse ein neues Produkt auffällt, heißt das noch lange nicht, dass wir auch die Aktie des Herstellers kaufen können. Denken Sie zum Beispiel an die schwedische Möbelkette

Ikea oder auch die deutsche Drogeriekette DM. Wer würde nicht gerne in diese Cashcows investieren? Doch beide Familienunternehmen sind leider nicht an der Börse vertreten.

Die Börsenweisheit, nur in Unternehmen zu investieren, deren Geschäft und Produkte man versteht, führt Lynch konsequent fort. Warum also nicht in das Unternehmen um die Ecke oder das Unternehmen investieren, dessen Produkte man konsumiert? Einen Aspekt gibt es dabei, den Lynch allerdings ausblendet: Objektivität. Wenn Sie beispielsweise ein iPhone von Apple besitzen, vielleicht noch ein iPad und ein MacBook sowie einen Account bei iTunes, dann kennen Sie die Produkte der Kultmarke. Das ist natürlich gut, um sich ein Bild von der Apple-Aktie machen zu können, aber auch gefährlich, weil Sie befangen sein könnten.

Was 1977 bis 1990 funktioniert hat, muss ein Vierteljahrhundert später nicht mehr funktionieren. Der für mich aber wesentlich wichtigere Kritikpunkt: Lynchs Vorgehensweise ist speziell. Allein so viele Aktienpositionen zu halten und den Überblick darüber zu behalten ist nicht einfach. Auch die mit einem riesigen Zeitaufwand sowie vielen Reisen verbundene Recherche ist nichts für den Privatanleger. Es dürfte also schwer sein, Lynch eins zu eins zu kopieren, mit meinem Erfolgsrezept gelingt dies aber vielleicht doch.

Das Erfolgsrezept

Lynch unterteilt Aktien und Unternehmen in insgesamt sechs verschiedene Kategorien, für die dann auch verschiedene Idealwerte gelten. Ich beschränke mich in Anlehnung an Lynch auf folgende Kategorisierung: wachstumsschwache, stetig wachsende und wachstumsstarke Aktien. Die Kriterien für die Klasse der Aktien mit den schnell wachsenden Gewinnen gelten auch für zyklische Werte, Turnaround-Titel und spekulative Substanzwerte. Unternehmen mit einer Wachstumsrate von mehr als 50 Prozent meidet Lynch. Denn deren Wachstumsstory ist jedem Anleger bekannt und die Aktie ist in der Regel überbewertet (siehe auch Tabelle 6.2, Nr. 7a).

6.2 Lynchs Filter für Wachstumswerte

Nr.	Kriterium	Bedingung
1	Verschuldungsgrad (Fremdkapital / Eigenkapital x 100 %)	≤ 80 % (ideal ≤ 50 %)
2	Veränderung der Vorräte/Umsatz*	≤ 5 %
3	Freier Cashflow je Aktie	≥ 30 % (ideal ≥ 50 %)
Wachstumsstarke Aktien (Gewinnwachstum > 20 %)		
4a	Umsatz	> 1 Mrd. €
5a	PEG	≤ 1,5 (ideal 0 bis 0,5)
6a	KGV	< 40
7a	EPS-Wachstum	> 20 bis 25 % (max. 50 %)
Stetiges Wachstum (Gewinnwachstum ≥ 10 bis 20 %)		
4b	Umsatz	> 2 Mrd. €
5b	PEG	≤ 1,0 (ideal 0 bis 0,5)
6b	EPS-Wachstum	> 0 bis 10 %
Wachstumsschwache Aktien (Gewinnwachstum < 10 %)		
4c	Umsatz	> 1 Mrd. €
5c	PEG	≤ 1,0 (ideal 0 bis 0,5)
6c	Dividendenrendite	≥ 3 % oder ≥ Durchschnitt S&P 500**

*gilt nicht für Finanztitel; **alternativ: anderer, breiter Index, z. B. Euro Stoxx; EPS: Gewinn je Aktie; PEG: dynamisches KGV; KGV: Kurs-Gewinn-Verhältnis

Quellen

- Lynch, Peter/Rothchild, John: Aktien für alle, Börsenmedien, 2000
- Lynch, Peter/Rothchild, John: Der Börse einen Schritt voraus, Börsenbuchverlag, 2007
- Lynch, Peter/Rothchild, John: Lynch 3, Börsenmedien, 2000
- valuewalk.com/peter-lynch-resource-page/

KEN FISHER

7

> » Die einträglichsten Aktieninvestitionen tauchen in Gestalt von jungen, schnell wachsenden Unternehmen auf, die gegenwärtig nicht in der Gunst der Wall Street stehen.«
>
> Ken Fisher, 1984

Ken Fisher

Der Superaktionär

Für wen eignet sich die Strategie?

- **Anlegertyp:** Anfänger/Fortgeschrittene, risikoarm/risikobewusst
- **Anlageart:** substanzorientiert/wachstumsorientiert, antizyklisch
- **Anlagehorizont:** langfristig/sehr langfristig, 18 bis 60 Monate
- **Aufwand:** mittel, 2 bis 4 Stunden pro Woche

Ken Fisher

Der Börsenstar

Kenneth (Ken) L. Fisher ist der Sohn der Investmentlegende Philip A. Fisher und vor allem durch seine Kolumne im Magazin *Forbes* bekannt.

Ken Fisher ist also Börsenstar in zweiter Generation. Er kam 1950 in San Francisco als dritter und jüngster Sohn von Dorothy Fisher (geborene Whyte) und dem legendärem Investor Philip Fisher zur Welt. Fisher wuchs in der kalifornischen Ortschaft San Mateo im Silicon Valley auf. Über seine Kindheit und Jugend ist nicht viel bekannt. Es scheint aber so, als ob er zunächst nicht in die Fußstapfen seines Vaters treten wollte. Fisher studierte an der Humboldt State University in Arcata, Kalifornien, nämlich zunächst Forstwirtschaft. Seinen Abschluss machte er 1972 dann allerdings doch in Ökonomie. Vielleicht hat ein wenig Druck durch seinen Vater nachgeholfen. Ken soll auch der einzige der drei Söhne von Philip Fisher gewesen sein, den der Vater in Sachen Investments unterrichtete. Nach seinem Studium arbeitete Ken Fisher für seinen Vater bei Fisher & Co., bis er 1979 mit Fisher Investments seine eigene Firma gründete.

Während der Lehrzeit bei seinem Vater beschäftigte sich Fisher mit dem Kurs-Umsatz-Verhältnis (KUV). Seinerzeit wurde die Kennzahl wenig beachtet. Seine Research-Arbeit veröffentlichte er unter anderem in einem Artikel zusammen mit Meir Statman und erhielt dafür eine

Auszeichnung. Fisher erkannte offenbar früh, wie wichtig die Veröffentlichung von Artikeln für das Image sein kann.

1984 startete er eine Kolumne namens „Portfolio Strategy" für das US-Wirtschaftsmagazin *Forbes*. Die Kolumne schreibt er heute, nach mehr als 30 Jahren, immer noch. Sie ist die drittälteste der Zeitschrift. Im selben Jahr, 1984, kam sein erstes Buch „Super Stocks" heraus, welches erst 2008 – und das ist kein Schreibfehler – in deutscher Sprache veröffentlicht wurde. Insgesamt schrieb Fisher bisher elf Bücher, von denen sechs Bestseller wurden. Vier Werke wurden bislang ins Deutsche übersetzt. Fisher beschreibt sich selbst nicht nur als Vorstandschef von Fisher Investments, sondern legt auch Wert auf den Titel Bestsellerautor.

7.1 Fishers Bücher

Jahr	Originaltitel	Deutscher Titel
2015	Beat the Crowd	Kasse statt Masse
2013	The Little Book of Market Myths	Börsen-Mythen enthüllt für Anleger
2012	Plan Your Prosperity	–
2011	Debunkery	–
2011	Markets Never Forget	–
2010	How to Smell a Rat	–
2009	The Ten Roads to Riches	–
2007	100 Minds That Made the Market	–
2006	The Only Three Questions That Count	Das zählt an der Börse
1987	The Wall Street Waltz	–
1984	Super Stocks	Die Kunst der richtigen Aktienauswahl

1995 gründete Fisher Investments die „Private Client Group" und konnte von da an auch für vermögende Privatanleger individuelle Strategien umsetzen. 2000 folgte die Tochter Fisher Investments Europe Ltd. in

London. Im März desselben Jahres, inmitten der Interneteuphorie, riet Fisher Anlegern, alle Technologie-Aktien zu verkaufen, und begründete das damit, dass das Platzen der Aktienblase unmittelbar bevorstehe. „Er wurde dafür belächelt", heißt es auf der Website von Grüner Fisher Investments. An dem Unternehmen von Thomas Grüner beteiligte er sich 2007.

2002 empfahl Fisher, Aktien massiv überzugewichten und Anleihen und Festgelder zu großen Teilen in Aktien umzuschichten, was sich zumindest ab 2003 abermals als gutes Timing erwies.

Fisher schreibt neben der Kolumne für *Forbes* auch Kolumnen für *Focus Money* und die *Financial Times*. Er erhielt mehrere Auszeichnungen und wurde von *Forbes* 2015 auf Platz 211 der 400 reichsten Amerikaner gelistet. Mit seiner Frau Sherrilyn, die er bereits 1970 geheiratet hatte, hat er drei Söhne.

Fisher Investments betreut heute mehr als 27.000 Privatkunden und mehr als 150 institutionelle Kunden. Das verwaltete Vermögen (Assets under Management) von Fisher Investments belief sich zum Ende des Jahres 2015 auf 63 Milliarden US-Dollar.

Und nun ist Schluss für Fisher. Er wolle Ende 2016 als Vorstandschef seines Unternehmens zurücktreten, heißt es. Am 29. November 2016 wird er 66 Jahre alt. Dann dürfte er mehr Zeit für seine Hobbys haben: die Geschichte der Ortschaft Kings Mountain, Kalifornien, und die Holz-fällerei der Riesenmammutbäume (Redwoods) im 19. Jahrhundert. (Sie erinnern sich, Fisher studierte am Beginn seiner Karriere Forstwirtschaft.)

Die Methode

Fisher sucht Superaktien. Super ist seiner Meinung nach ein Kurs-Um-satz-Verhältnis von 0,75 oder darunter. Super ist Fisher zufolge ein zukünftiges langfristiges durchschnittliches Gewinnwachstum von 15 bis 20 Prozent. Super ist ferner eine zukünftige langfristige durchschnitt-liche Gewinnmarge nach Steuern von fünf Prozent oder mehr. Auch die Ausgaben für Forschung und Entwicklung (F&E) sollten hoch sein, dazu gleich mehr. Erfüllt eine Aktie all diese Kriterien, ist sie laut Fisher super. Super wäre es auch, wenn man ganz viele entsprechende Papiere im

Handumdrehen finden würde. Doch die Entdeckung einer Superaktie ist eher mit einem Sechser im Lotto zu vergleichen.

Als ich die Druckfahne von Fishers neuestem Buch „Kasse statt Masse" durchschaute, um für *boersianer.info* den richtigen Auszug für einen exklusiven Vorabdruck zu finden, wurde ich in Kapitel 5 fündig. Darin geht es um Jack Lemmon, Walter Matthau und Elefanten. Sie haben richtig gelesen! Die beiden Schauspieler waren abgeschrieben, landeten dann aber im hohen Alter noch einmal einen Blockbuster. Wir Zuschauer hatten die beiden vergessen. Wir haben kein Elefantengedächtnis. So ist es Fisher zufolge auch mit der Umsatzrendite oder der Bruttomarge. Fisher definiert die Umsatzrendite als „Umsatz minus Umsatzkosten, angegeben in Prozent des Umsatzes." Mir bekannt war eher die Netto-Umsatzrendite oder Umsatzrentabilität (Gewinn / Umsatz x 100 %). Anhand des Umsatzes lässt sich beurteilen, wie profitabel ein Unternehmen ist. Ein niedriger Wert weist auf einen wettbewerbsintensiven Markt hin. Ein hoher Wert deutet auf eine gewisse Robustheit gegenüber Schwankungen der Wechselkurse oder Rohstoffpreise hin.

Die Umsatzrendite ist heutzutage in Vergessenheit geraten wie einst Lemmon und Matthau. Dabei hat sie wie auch das Schauspieler-Duo Blockbuster-Potenzial. Doch heute gilt: „Den Beliebtheitswettbewerb gewinnt der Reingewinn nach Steuern", so Fisher. Dabei funktioniert an der Börse besonders gut, was niemand mehr kennt.

Fisher ist ein Fan des Umsatzes in all seinen Facetten. In frühen Jahren widmete er sich dem KUV als Ersatz für das beliebte KGV. Jenes erlangte zu Zeiten der Dotcoms neue Beliebtheit. Denn viele der Internetfirmen erzielten (noch) keinen Gewinn. Also musste eine andere Vergleichsgröße her. Mit dem KUV setzen Sie die Beliebtheit des Unternehmens (Börsenwert) in Relation zu der Größe des Unternehmens (Umsatz). Dabei bietet der Umsatz zwei Vorteile: Er ist in der Regel stabiler als der Gewinn und er ist buchhalterisch nicht so leicht zu manipulieren wie der Gewinn.

Wie bereits beschrieben bevorzugt Fisher Aktien mit einem KUV von 0,75. Bis 1,5 ist eine Aktie noch ein Kauf. Aktien mit einem KUV von 3,0 und mehr sollten Anleger laut Fisher meiden. Verkauft wird ihm zufolge ab 3,0 bis 6,0 – je nachdem, wie mutig man ist. Wer auf Nummer sicher gehen will, verkauft bereits bei 3,0. Wer mit einer weiteren Übertreibung rechnet, wartet auf ein KUV von bis zu 6,0.

Anhand der folgenden Tabelle von Fisher können Anleger zwei Aktien mit unterschiedlichen zukünftigen Gewinnmargen und/oder unterschiedlichen Einschätzungen von Analysten vergleichen. Die Tabelle gibt die zukünftige Gewinnmarge, das zukünftige KGV (KGVe) und das aktuelle KUV an. Ein Beispiel: Aktie A hat ein aktuelles KUV von 1,0 und eine erwartete Gewinnmarge von 5,0 Prozent. Aktie B hat ein KUV von 1,50 und eine Gewinnmarge von 7,5 Prozent. Beide Aktien haben der Tabelle zufolge also ein KGVe von 20.

(7.2) Implizierte Kurs-Gewinn-Verhältnisse (KGVs)

KUV	Gewinnmarge (in Prozent)					
	12,0	10,0	7,5	5,0	2,0	1,0
0,12	1,00	1,20	1,60	2,40	6,00	12,00
0,25	2,08	2,50	3,33	5,00	12,50	25,00
0,50	4,17	5,00	6,67	10,00	25,00	50,00
0,75	6,25	7,50	10,00	15,00	37,50	75,00
1,00	8,33	10,00	13,33	20,00	50,00	100,00
1,50	12,50	15,00	20,00	30,00	75,00	150,00
2,00	16,70	20,00	26,67	40,00	100,00	200,00
3,00	25,00	30,00	40,00	60,00	150,00	300,00
4,00	33,33	40,00	53,33	80,00	200,00	400,00
5,00	41,67	50,00	66,67	100,00	250,00	500,00
6,00	50,00	60,00	80,00	120,00	300,00	600,00
10,00	83,33	100,00	133,33	200,00	500,00	1000,00

Quelle: Ken Fisher, „Die Kunst der richtigen Aktienauswahl", S. 68

Ich verwende eine solche Tabelle nicht, aber ich weiß, dass sie vielen von Ihnen helfen kann. Fisher erklärt, man müsse Aktien anhand der

Konsequenzen und nicht anhand der Ursachen beurteilen. Eine Konsequenz ist eine niedrigere oder höhere Gewinnmarge. Eine Ursache dafür sind beispielsweise höhere oder niedrigere Kosten bei der Herstellung eines Produkts.

Ein weiterer Indikator für eine Superaktie nach Fisher ist das Verhältnis von Aktienkurs zu Forschung und Entwicklung (KFV), also Börsenwert zu Forschungskosten der vergangenen zwölf Monate. Ein guter Wert für das KFV liegt zwischen 5 und 10. Eine Superfirma mit einem KFV von mehr als 15 sollten Anleger dagegen unbedingt meiden.

KUV und KFV reflektieren einander gegenseitig. Fisher zufolge müssen aber dennoch beide Kennzahlen betrachtet werden. Ist das KUV höher als 0,75, kann ein niedriges KFV dennoch für ein Investment sprechen, nämlich dann, wenn viele neue Produkte in der Pipeline stecken und künftig höhere Umsätze und Gewinne generiert werden. Deshalb lohnt sich in einem solchen Fall ein genauer Blick. Umgekehrt kann ein hohes KFV darauf hindeuten, dass das Unternehmen nicht viel für F&E ausgibt, also nicht in die Zukunft investiert. Die F&E-Kosten finden Sie in der Gewinn- und Verlustrechnung (GuV). Das KFV müssen Sie sich selbst ausrechnen. Mir ist kein Medium bekannt, das die Kennzahl derzeit ausweist. Das sehe ich aber eher als Chance denn als Nachteil. Sie wissen ja, Strategien, die unbekannter sind, funktionieren oft besser.

$$\text{KFV} = \frac{\textbf{Marktkapitalisierung}}{\textbf{F\&E-Kosten aus der GuV}}$$

Das KUV ist für Fisher ein umfassendes Konzept. Das heißt, Sie sollten Aktien mit einem hohen KUV meiden, weil diese Ihnen entweder Verluste oder maximal geringe Gewinne bescheren. Sie sollten stattdessen nach Aktien mit einem niedrigen KUV Ausschau halten. Es gibt Aktien aus Wirtschaftszweigen, die traditionell ein niedriges KUV haben, etwa Unternehmen aus der Schwerindustrie, die keine außergewöhnlich hohen Margen erwirtschaften und nicht stark wachsen. Bei Aktien solcher

Unternehmen rät Fisher zum Kauf bei einem KUV von unter 0,4 und zum Verkauf bei einem KUV von 0,8.

Vom Aktienmarkt fernhalten sollte man sich Fisher zufolge übrigens, wenn man keine Aktien – ich würde ergänzen: kaum noch Aktien – mit niedrigen KUVs mehr findet.

Eine Liste weicher Faktoren gibt er uns dann auch noch an die Hand. Eine Superfirma sollte folgende Geschäftsmerkmale besitzen: Das Management des Unternehmens sollte an Wachstum interessiert sein und sich daran orientieren. Das Unternehmen sollte zudem durch herausragende Marketingfähigkeiten auffallen. Es sollte einen Wettbewerbsvorteil besitzen, Fisher nennt ihn „unfairen Vorteil". Das Unternehmen sollte sich ferner durch eine sehr gute Arbeitsatmosphäre auszeichnen und eine gute Finanzcontrolling-Abteilung besitzen, die schnell reagieren kann, wenn sich die Ergebnisse nicht wie geplant einstellen.

Exkurs

Kens Vater Philip Fisher

Philip A. Fisher (1907-2004) gehört zu den ganz Großen und veröffentlichte 1958 mit seinem Buch „Common Stocks and Uncommon Profits" einen Gegenentwurf zu Benjamin Grahams Werk (siehe Kapitel 1). Er beeinflusste neben seinem Sohn Ken Fisher auch Warren Buffett maßgeblich sowie viele andere Investoren.

Fisher ist dafür bekannt gewesen, eine klassische Buy-and-hold-Strategie zu verfolgen. Er soll einmal gesagt haben, der beste Zeitpunkt zum Verkauf einer Aktie wäre niemals. 1955 kaufte er die Aktie von Motorola, seinerzeit ein Radiohersteller, und behielt das Papier des späteren Handyproduzenten bis zu seinem Tod.

Im Gegensatz zu Graham vertrat er die Ansicht, nicht der günstige Preis einer Aktie sei ausschlaggebend, sondern die Zukunftsperspektiven. Sind also die Wachstumsaussichten sehr gut, ist auch ein höherer Preis einer Aktie beim Kauf gerechtfertigt. Für Fisher waren die Integrität des Managements und eine beständige Weiterentwicklung der Aktiengesellschaft, um sich von der Konkurrenz abzusetzen, viel wichtigere Faktoren als ein niedriger Aktienkurs. Zugegebenermaßen sind dies Informationen, die um ein Vielfaches schwerer zu beschaffen sind als reine Kursangaben und Bilanzkennzahlen. Für Fisher war auch der Zeitpunkt des Kaufes nicht so entscheidend.

Es folgen 15 Fragestellungen, die Sie laut Philip Fisher beim Kauf einer Aktie unbedingt beachten und im Idealfall beantworten können müssen.

1. Bietet das Unternehmen Produkte oder Dienstleistungen an, deren Marktpotenzial zumindest für einige Jahre nennenswerte Umsatzsteigerungen möglich macht?

2. Ist das Management entschlossen, kontinuierlich Produkte oder Prozesse zu entwickeln, die das Umsatzpotenzial insgesamt weiter steigern, auch nachdem das Wachstumspotenzial gegenwärtig attraktiver Produktlinien zum großen Teil erschöpft ist?

3. Wie effektiv sind die Aktivitäten eines Unternehmens im Bereich Forschung und Entwicklung im Verhältnis zu seiner Größe? (Dieser Frage geht ja auch Fishers Sohn Ken explizit nach.)

4. Verfügt das Unternehmen über eine überdurchschnittliche Vertriebsabteilung?

5. Weist das Unternehmen eine lohnende Gewinnspanne auf?

6. Was tut ein Unternehmen, um seine Gewinnspanne aufrechtzuerhalten oder zu verbessern?

7. Sind die industriellen Beziehungen und die Personalführung des Unternehmens hervorragend?

8. Ist das Klima in der Führungsetage des Unternehmens optimal?

9. Ist das Management eines Unternehmens ausreichend tief gestaffelt?

10. Wie gut sind Rechnungswesen und Finanzbuchhaltung?

11. Gibt es weitere branchenspezifische Aspekte, die dem Anleger wichtige Hinweise auf die Wettbewerbsposition eines Unternehmens geben können?

12. Richtet sich ein Unternehmen auf kurzfristige oder auf langfristige Gewinne aus?

13. Wird das Wachstum des Unternehmens in der näheren Zukunft ein solches Ausmaß an Aktienfinanzierung erfordern, dass die größere Zahl der dann in Umlauf befindlichen Aktien den Nutzen des Altaktionärs aus dem antizipierten Wachstum minimieren wird?

14. Äußert sich das Management in guten Zeiten freimütig gegenüber Investoren, wird aber verschlossen,

wenn es zu Schwierigkeiten und Enttäuschungen kommt?

15. Ist das Management des Unternehmens integer (moralisch einwandfrei, unbestechlich)?

Wie hilfreich die Liste ist, muss jeder für sich entscheiden. Es ist meiner Meinung nach sicher nicht immer leicht, alle Fragen zur vollen Zufriedenheit zu beantworten. Vielleicht ist das aber auch gar nicht nötig. Informationen über die Unternehmenspolitik beispielsweise könnten Anleger gegebenenfalls aus der „Gerüchteküche" erfahren, merkt Fisher an. Viele Seiten später wird er in seinem Buch (deutscher Titel: „Die Profi-Investment-Strategie") dann doch noch konkreter.

Vom TM Börsenverlag wurde ich gefragt, ob ich der Meinung sei, dass sich eine Neuauflage des Buches lohnen würde. Spontan hätte ich mit ja geantwortet, nahm die Anfrage aber nicht auf die leichte Schulter und kam nach einigen Überlegungen und der erneuten Lektüre einiger Passagen auf die gleiche Antwort. Der Verlag aus Rosenheim druckte das Buch schließlich 2013 nach.

Fisher stellt darin zehn Gebote auf. 1.) Beteiligen Sie sich nicht an gerade gegründeten Unternehmen. 2.) Ignorieren Sie eine gute Aktie nicht nur deshalb, weil sie im Freiverkehr gehandelt wird. 3.) Kaufen Sie niemals Aktien, nur weil Ihnen der Stil eines Geschäftsberichts gefällt. 4.) Bewerten Sie das hohe Kurs-Gewinn-Verhältnis einer Aktie nicht unbedingt als ein Anzeichen dafür, dass der Kurs schon Ausdruck zukünftiger Ertragssteigerungen ist. 5.) Kümmern Sie sich nicht um Achtel und Viertel. (Sprich, kümmern Sie sich nicht um den bestmöglichen Einstiegskurs, den erwischt eh niemand.) 6.) Übertreiben Sie die Diversifizierung nicht. (Bei großen, etablierten Wachstumsaktien reicht eine Mindeststreuung auf fünf verschiedene Positionen.) 7.) Fürchten Sie sich nicht, in einem Augenblick der Kriegsangst zu kaufen. 8.) Denken Sie an Gilbert und Sullivan. (Soll heißen: Vergessen Sie Statistiken, etwa über die Höchst- und Tiefstkurse einer Aktie in den vergangenen Jahren. Diese lenken Sie von den wirklich wichtigen Fakten wie Wachstumsaussichten ab.) 9.) Denken Sie nicht nur an den Preis, sondern auch an den Zeitpunkt, wenn Sie einen echten Wachstumswert kaufen. (Kaufen Sie beispielsweise kurz vor dem Start eines Pilotprojekts oder vor der Fertigstellung einer Fabrik.) 10.) Folgen Sie nicht der Masse.

Die ideale Aktie, die Superaktie nach Fisher senior und dessen Superstrategie sieht also wie folgt aus. Langfristige Gewinnsteigerungen gehen einher mit einem guten Management und einer unbeliebten Aktie. Die Dividende spielt keine Rolle, genauso wie eine breite Streuung über mehrere Aktien, um das Risiko zu minimieren, es sei denn, es handelt sich um sehr kleine Aktien mit einem Börsenwert von weniger als 25 Millionen Dollar (Stand: 1958; heute eher 200 Millionen Dollar beziehungsweise Euro). Letztlich hänge der Erfolg eines Anlegers von drei Faktoren ab, so Fisher: harter Arbeit, Intelligenz und Ehrlichkeit. „Aber auch Glück spielt immer eine gewisse Rolle", räumt die Börsenlegende ein.

Die Systemkritik

Es scheint, als wäre Ken Fisher mehr ein erfolgreicher Autor und ein Vermarktungsexperte als ein extrem erfolgreicher Investor. Vielleicht ist er nie wirklich aus dem Schatten seines Vaters herausgetreten, vielleicht waren die Fußstapfen zu groß, um sie auszufüllen. Vielleicht irre ich mich aber auch. Fest steht: 1.) Fisher war einer der Pioniere, die das KUV salonfähig gemacht haben. 2.) Niemand dürfte die Arbeit seines Vaters Philip Fisher besser kennen. Allein diese beiden Tatsachen sind für mich Grund genug, Ken Fisher zu den Börsenstars hinzuzurechnen. Das Monatsmagazin *Investment Advisor* erklärte ihn 2010 zu einem der 30 einflussreichsten Personen der Investmentbranche der vergangenen 30 Jahre.

Was ein bisschen schade ist: Es scheint fast so, als ob Fisher ein Geheimnis aus seinem Track Record (Erfolgsbilanz) machen würde. Fisher wirbt fleißig mit seinen Veröffentlichungen, mit seiner Outperformance dagegen nicht. Verlässliche Zahlen zu seiner Erfolgsbilanz sind rar. Das Researchunternehmen CXO Advisory Group bescheinigt ihm bei seinen US-Aktientipps im *Forbes*-Magazin von 2005 bis 2012 eine Treffsicherheit von 65 Prozent. Damit liegt er zwar auf Platz 3 aller Kolumnisten, noch vor David Dreman mit 63,6 Prozent auf Platz 4, aber überragend ist das nicht. Dabei hat mich sehr überrascht, wie schlecht die Kolumnisten insgesamt abschnitten. Von den 64 Autoren waren mit 38 Experten mehr als die Hälfte mit ihren Tipps schlechter, als es ein Münzwurf gewesen wäre (50:50). Freunde von mir würden jetzt sagen, man müsste die Kauf-Empfehlungen der *Forbes*-Kolumnisten eigentlich shorten.

Ohne Zweifel: Eine Superaktie mit den Kriterien nach Fisher kommt einem nicht alle Tage unter. Das macht die Anwendung seiner Rezepte am Ende natürlich nicht unbedingt einfacher.

Das Erfolgsrezept

Fisher gibt Kennzahlen und Idealwerte sowohl für die Superaktien als auch alle anderen, normalen Aktien vor. Der Fokus liegt dabei ganz klar auf dem Kurs-Umsatz-Verhältnis, das höchstens 1,5 betragen sollte. Bei zyklischen Unternehmen mit traditionell niedrigem KUV empfiehlt er 0,8 als Obergrenze. Ergänzend kommt hinzu ein niedriges KFV, eine Gewinnmarge von mindestens fünf Prozent, ein Gewinnwachstum von mindestens 15 Prozent sowie ein positiver freier Cashflow (frei verfügbare liquide Mittel). Mein Tipp: Wer nach dem Rezept investieren will, sollte mit einem KUV-Filter beginnen.

7.3 Fishers Rezept für Super- und normale Aktien

Nr.	Kriterium	Bedingung
1	Gewinnmarge	> 5 %
2	EPS-Wachstum	> 15 %
3	Freier Cashflow	> 0
Superaktie		
4a	KUV	< 0,75 (bei Zyklikern: < 0,4)
5a	KFV	< 5 bis 10
6a	Verkauf ab KUV	3,0 bis 6,0
Normale Aktie		
4b	KUV	< 1,5 (bei Zyklikern: < 0,8)
5b	KFV	< 15
6b	Verkauf ab KUV	3,0 bis 6,0

EPS: Gewinn je Aktie, KFV: Kurs-Forschungs(kosten)-Verhältnis; KUV: Kurs-Umsatz-Verhältnis

Quellen

- boersianer.info: Mit Jack Lemmon und Walter Matthau auf Safari, #34, 18.7.2015

- Browne, Clayton: Ken Fisher Planning To Step Down AS CEO At End Of 2016, valuewalk.com/2015/04/ken-fisher-retiring-as-ceo/, 16.4.2015

- Fisher, Ken: Die Kunst der richtigen Aktienauswahl, FBV, 2008 (Original: Super Stocks, 1984)

- Fisher, Ken: Kasse statt Masse, Börsenbuchverlag, 2015

- Fisher, Philip A.: Die Profi-Investment-Strategie, TM Börsenverlag, 2013

- fisherinvestments.com/about/company-info/history

- fisherinvestments.com/about/who-we-are/ken-fisher

- forbes.com/sites/kenfisher/#4222af733680

- gruener-fisher.de/fisher-investments.html

- Hankes Börsen-Bibliothek, blog.boersianer.info/ die-suche-nach-der-superaktie/, 29.12.2014

- Hunnicutt, Trevor: Ken Fisher plans to step down as CEO of firm, InvestmentNews, investmentnews.com/article/20150414/ FREE/150419962/ken-fisher-plans-to-step-down-as-ceo-of-firm, 14.4.2015

- ken-fisher-investments.com/pdf/Ken-Fisher-CXO-Advisory-Rating_1.08.13.pdf

WILLIAM O'NEIL

8

William O'Neil

Der Stilmischer

Für wen eignet sich die Strategie?

▶ **Anlegertyp:** Fortgeschrittene/Profis, risikobewusst/risikoreich

▶ **Anlageart:** wachstumsorientiert, trendfolgend, qualitativ und quantitativ

▶ **Anlagehorizont:** mittelfristig/langfristig, 6 bis 24 Monate

▶ **Aufwand:** hoch, 6 bis 8 Stunden pro Woche

William O'Neil

Der Börsenstar

William (Bill) J. O'Neil ist mehr als ein erfolgreicher Börsenstar. Er ist auch ein visionärer, technikaffiner Unternehmer. Bekannt ist O'Neil für seine CAN-SLIM-Investmentstrategie, bei der er qualitative und quantitative Methoden mischt.

O'Neil kam 1933 in Oklahoma City im gleichnamigen US-Bundesstaat Oklahoma zur Welt, wuchs aber in Texas auf. In jungen Jahren kümmerten sich seine Großmutter und eine Tante um ihn, waren die Eltern doch beruflich sehr eingespannt. Er trug Zeitungen aus, las aber auch viele von ihnen. Er las Autobiografien von Richard Sears und Henry Ford, mit anderen Worten von großen, erfolgreichen Männern. O'Neil ging in Dallas auf die Woodrow Wilson High School, wo er 1951 seinen Abschluss machte. Daraufhin studierte an der privaten Hochschule Southern Methodist University in Dallas Wirtschaftswissenschaften. Nach dem Bachelor-Abschluss 1955 ging er zur US Air Force, bevor er 1958 seine Karriere bei Hayden, Stone & Company, einem namhaften und großen Brokerhaus, begann. Dort entwickelte er mithilfe von Computern sein eigenes Auswahlsystem für Aktien. Aufzeichnungen über seine erste Studie finden sich in „The Model Book of Greatest Stock Market Winners". 1960 nahm er am „Program for Management Development" (PMD) an der Harvard Business School teil. Er entwickelte eine Strategie, die er CAN SLIM nannte, und war einer der besten Händler seines Arbeitgebers.

1963, mit 30 Jahren, gründete er sein eigenes Unternehmen William O'Neil + Co., kaufte einen Sitz an der New York Stock Exchange (NYSE) und war damit seinerzeit der jüngste Broker aller Zeiten an der NYSE.

Sein Unternehmen stellte 1963/64 die ersten Computer-Datenbanken zu Aktien zur Verfügung. Heute umfasst O'Neil Database mehr als 70.000 Aktien und Fonds aus mehr als 70 Ländern. Das Unternehmen investierte allein von 1964 bis 1968 die seinerzeit stolze Summe von zwei Millionen Dollar in Technik.

O'Neil verdiente viel Geld mit Aktientrades von Korvette, Certain Teed und Syntex. Im Dezember 1965 startete er den O'Neil Fund. Der Fonds erzielte innerhalb von zwei Jahren eine Performance von 115,7 Prozent, während der US-Aktienmarkt nur um 51,1 Prozent zulegte. Später folgten mehrere Fondspleiten (siehe „Die Systemkritik", Seite 155).

1970 begann er gedruckte Chartbücher, 700 Seiten dick, auszuliefern. Ab 1972 bot O'Neil die Bücher mit Aktiencharts unter „Daily Graphs" auch für Privatanleger an. Abonnenten erhielten einmal pro Woche ein aktuelles Buch. So war es nur folgerichtig, dass er 1973 O'Neil Data Systems gründete, eine hochmoderne Druckerei auf dem neuesten Stand der Technik. Vor allem schnell musste es gehen. Man experimentierte mit Mikrofilmen und schaffte es schließlich, dass US-Investoren das Buch mit Freitagsschlusskursen am Montagmorgen auf ihrem Schreibtisch vorfanden – alles zu einer Zeit vor dem Internet und auch noch vor dem Telefax.

Wirklich Gehör fand O'Neil mit seiner CAN-SLIM-Strategie allerdings nicht. Die Finanzwelt konzentrierte sich noch ausschließlich auf das KGV und die Schriften von Benjamin Graham (siehe Kapitel 1). So rief er deshalb als Gegenentwurf zum *Wall Street Journal* und um eine Informationslücke zu schließen, wie er es nennt, 1984 seine eigene Tageszeitung *Investor's Daily* ins Leben. Seinerzeit war sie 20 Seiten stark. Sie wurde später in *Investor's Business Daily*, kurz *IBD*, umbenannt (Onlinepräsenz unter *www.investors.com*). Die verkaufte, gedruckte Auflage liegt heute bei rund 160.000. Der endgültige Durchbruch gelang ihm 1988. Als er das Buch „How To Make Money In Stocks" („Wie man mit Aktien Geld verdient") veröffentlichte, wurde er vielen Privatanlegern bekannt. Das Buch verkaufte sich bis heute mehr als zwei Millionen Mal. 1999 und

2003 folgten noch zwei weitere wichtige Bücher „24 Essential Lessons For Investment Success" und „The Successful Investor" („5 Schritte zum Börsenerfolg").

1994 startete O'Neil WONDA (William O'Neil Direct Access), eine auf Windows basierende Plattform für Charts. 1998 ging Daily Graphs nach zwölf Monaten Beta-Test online. 2010 spaltete O'Neils Unternehmen den Brokerage Service in O'Neil Securities ab. Büros in London und Indien folgten. Im selben Jahr startete MarketSmith, ein webbasiertes Researchtool. Heute arbeiten 250 Angestellte in Los Angeles, New York, Boston und London für William O'Neil.

Ein Reporter der *Los Angeles Times* nannte ihn einmal „Profitprophet der Playa del Rey". So heißt der Strandabschnitt und Stadtteil von Los Angeles, in dem O'Neil zu Hause ist.

Die Methode

CAN SLIM steht im Einzelnen für: „Current Earnings, Annual Earnings, New Product or Service, Supply and Demand, Leader or Laggard, Institutional Sponsorship, Market Direction." Sie haben nur Bahnhof verstanden? Kein Problem: Auf die sieben Regeln gehe ich im Folgenden ein.

Am wichtigsten ist nach O'Neil die Rentabilität. Sie lässt sich am Gewinn je Aktie messen. Die CAN-SLIM-Regel gibt vor: Der Gewinn je Aktie sollte im vergangenen Quartal gegenüber dem Vorjahresquartal um mindestens 25 Prozent gestiegen sein, eine ordentliche Hausnummer. Das ist das C für Current Earnings. Das A steht für Annual Earnings Increase – den jährlichen Gewinnzuwachs. Der Gewinn je Aktie sollte in den vergangenen drei Jahren um 25 Prozent oder mehr pro Jahr gestiegen sein. Ist das Unternehmen noch nicht so lange an der Börse, reichen die vergangenen fünf bis sechs Quartale, die positiv ausgefallen sein müssen. Im Idealfall hat sich das Gewinnwachstum in den vergangenen Quartalen beschleunigt. N steht stellvertretend für neue Produkte, neue Dienste, ein neues Management oder neue Hochs. O'Neil rät: Kaufen Sie Aktien von Unternehmen mit einem dieser Neuigkeitsfaktoren. Wenn diese Aktien aus soliden, sieben Wochen oder länger andauernden

Formationen ausbrechen, ist der richtige Zeitpunkt gekommen. Dabei sollten sie zehn bis 15 Prozent unter ihrem Hoch notieren und am Kauftag sollte das Handelsvolumen um mindestens 50 Prozent über dem durchschnittlichen Handelsvolumen der Aktie liegen.

Kommen wir zum S. Das steht für Supply and Demand (Angebot und Nachfrage). Es geht um Aktien mit starker Kursentwicklung, mit großer Nachfrage. O'Neil bevorzugt dabei Unternehmen, die nicht überbordend viele Aktien ausgegeben haben (das Angebot). Das L steht für Leader or Laggard (Marktführer oder Nachzügler). O'Neil empfiehlt, sich auf die besten zwei oder drei Aktien einer der zehn oder 15 stärksten Branchen zu konzentrieren. Das Unternehmen sollte die Nummer 1 sein, entweder der gesamten Branche oder zumindest in einem Geschäftsfeld. Aktien mit einer Relativen Stärke von unter 70 sind zu meiden. Kaufenswert sind Aktien mit einem Wert von 80 und mehr. Die Relative Stärke (RS), die O'Neil verwendet, ist eine Kennzahl, die die Kursentwicklung einer Aktie in den vergangenen 52 Wochen (ein Jahr) mit der Performance des Marktes vergleicht. Eine RS von 70 bedeutet bei O'Neil, dass die Aktie 70 Prozent aller Aktien hinsichtlich ihrer Wertentwicklung übertroffen hat. (Die Kennzahl ist nicht mit der Relativen Stärke nach Levy, kurz RSL, zu verwechseln, siehe Kapitel 9 und 14.) Berechnet wird die RS wie folgt und muss dann in O'Neils Fall noch mit dem Momentum des Gesamtmarkts verglichen werden.

$$\text{Relative Stärke (RS)} = \frac{\text{52-Wochen-Performance der Aktie}}{\text{52-Wochen-Performance des Marktes}}$$

I für Institutional Sponsorship heißt nichts anderes als: Folgen Sie den institutionellen Investoren. „Die Aktien, die Sie kaufen, sollten immer auch bei institutionellen Anlegern beliebt sein – mindestens bei 25 verschiedenen", gibt O'Neil vor. Institutionelle Investoren sind Investmentfonds, Pensionskassen, Versicherungen und Ähnliches. Die Fonds bewirken durch den Umfang ihrer Käufe große Kursbewegungen und genau darauf spekuliert O'Neil. Idealerweise haben die Käufe der Fonds in den vergangenen Quartalen zugenommen und es sind auch Top-Fonds eingestiegen, also Fonds mit sehr guter Performance. Fehlt noch das M für Market Direction (Marktrichtung). O'Neil rät zum Blick auf tagesaktuelle Charts der großen Aktienindizes. Er hat beobachtet: Wenn die Indizes drehen, dann folgen ihnen auch drei Viertel aller Aktien. Hier kommen also ausnahmsweise in diesem Buch tatsächlich Charts und einfachste Charttechnik zum Einsatz. So weit die ursprüngliche CAN-SLIM-Strategie.

O'Neil hat aber noch weitere Kriterien zusammengestellt, die für einen Aktienkauf entscheidend sind. Der Absatz sollte mindestens in einem der vergangenen Quartale um 25 Prozent gestiegen sein. Die Gewinnmarge nach Steuern sollte nahe einem neuen Höchststand sein und zu den besten der Branche zählen. Die Eigenkapitalrendite sollte 15 bis 17 Prozent oder höher ausfallen. Bei Technologieunternehmen sollte der Cashflow um mindestens 20 Prozent über den tatsächlichen jährlichen Erträgen je Aktie liegen. Und letztlich sieht O'Neil auch gerne Aktienrückkäufe – am liebsten von fünf bis zehn Prozent oder mehr.

★ Exkurs

Verkaufen will gelernt sein

Kein Mensch ist perfekt. Ironischerweise ging es O'Neil, der mein Großvater sein könnte, mal so, wie mir es manchmal noch heute geht. Sie kennen das vielleicht: Sie haben die richtige Aktie ausgewählt, sie steigt. Sie liegen dick im Plus und denken an den Lehrsatz „Gewinne laufen lassen und Verluste begrenzen". Problematisch wird es nur, wenn Sie die Aktie, die gestiegen ist, so lange halten, bis nichts mehr von Ihrem Gewinn übrig ist. Das ist mir auch schon so ergangen. Denn, wie heißt es so schön: Die Börse ist keine Einbahnstraße.

Man kann diese Falle mit verschiedenen Tricks allerdings umschiffen. Setzen Sie sich ein Kursziel. Ist dieses erreicht, verkaufen Sie. Oder Sie bewerten die Aktie neu und ziehen zumindest Ihren Stoppkurs nach. Hilfreich kann es auch sein, wenn man erst einmal die Hälfte der Position veräußert. So sind einige Schäfchen schon im Trockenen und die anderen können noch an der Rallye teilnehmen, sollte sie nicht zu Ende sein. So lautet mein Tipp. O'Neil hat allerdings seine ganz eigene Vorgehensweise.

Im Bullenmarkt 1961 musste er die schmerzliche Erfahrung machen, die wir alle kennen, und verlor seine nicht realisierten Gewinne wieder. „Nach Wochen der Analyse all meiner Fehler und detaillierter Ursachenforschung wurde mir klar, dass viele Aktien vom Boden aus einen Anstieg von circa 20 bis 25 Prozent von ihrem Tief verzeichnen", schreibt er in seinem Buch „5 Schritte zum Börsenerfolg". Einige der Aktien korrigieren und setzen dann nochmals an, um 25 bis 30 Prozent zu steigen. Daraus leitete er die Regel ab, bei einer Aktie mit einem Gewinn von 20 oder 25 Prozent auszusteigen. Wenn er auf der anderen Seite seine Verluste konsequent bei sieben bis acht Prozent begrenzt, bleibt unter dem Strich genug Gewinn.

O'Neil: „Den einzigen Weg, den ich kenne, um einen Gewinn zu realisieren, ist zu verkaufen, wenn sich Ihre Aktie noch in der Aufwärtsbewegung und in einer guten Verfassung befindet." Eine Ausnahme gibt es laut O'Neil dann aber doch: den Überflieger. Steigt eine gute Aktie innerhalb von zwei oder drei Wochen um 20 Prozent, hält er sie noch mindestens acht weitere Wochen. Bei zahlreichen Aktien hat es

O'Neil schon so gemacht und fuhr bestens damit. Er ist sogar der Meinung, er könne den exakten Höchstkurs ausmachen, doch da bin ich sehr skeptisch. Seinen Beobachtungen zufolge sei dies aber möglich. Ist eine Aktie beispielsweise über mehrere Monate an keinem Tag mehr als acht Prozentpunkte gestiegen und schnellt dann plötzlich um zwölf Punkte nach oben, könne man sich sicher sein, nur noch wenige Tage vom absoluten Kursgipfel entfernt zu sein, ist O'Neil überzeugt.

Psychologisch ist es sicher nicht einfach, dann sein Papier zu verkaufen. Ich halte es für wichtig, dass man sich gedanklich klarmacht, wann und zu welchem Kurs man eine Aktie wieder verkaufen will. Nur dann, so meine Erfahrung, wird man sich auch von der Aktie trennen. Man könnte wie O'Neil verfahren, aber im Gegensatz zur sturen Verkaufsregel nach 25 Prozent Gewinn einfach den Stop-Loss nachziehen. Bei sieben Prozent Verlust hätten Sie sich so immer noch 18 Prozent Gewinn gesichert. O'Neil nennt seine Regel 3:1-Formel. Denn wer seinen Verlust bei sieben Prozent begrenzt und Gewinne mit 21 Prozent beim Dreifachen realisiert, der gerät nicht ernsthaft in Schwierigkeiten, wenn er nur zu 30 Prozent richtigliegt und zu 70 Prozent falsch, erklärt O'Neil.

Noch ein Beispiel, warum das Begrenzen von Verlusten so wichtig ist: Stellen Sie sich vor, Sie hätten ein Depot mit zehn Aktien, die alle den gleichen Anteil ausmachen. Nehmen wir einmal an, Sie begrenzen den Verlust bei – zugegebenermaßen hohen – 25 Prozent. Nehmen wir ferner an, bei einer Aktie liegen Sie völlig falsch und Sie realisieren den Verlust. Dann bedeutet das für Ihr gesamtes Depot mit zehn Titeln lediglich einen Verlust von 2,5 Prozent. Dieser lässt sich verschmerzen, oder? Aus meiner Erfahrung ändert daran auch nicht viel, die Anzahl der Positionen zu erhöhen. Bei 20 Aktien wären es zwar in diesem Beispiel nur noch 1,25 Prozent Gesamtverlust, der Unterschied ist aber bei Weitem nicht mehr so groß. Wenn Sie aber unter zehn Positionen gehen, auf beispielsweise nur fünf Aktien, würde der Gesamtverlust dann schon fünf Prozent (siehe Grafik) betragen. Sie sehen an diesem einfachen Beispiel: Verlustbegrenzung ist wichtig und hängt auch mit der Anzahl der Positionen und der Höhe eng zusammen.

8.1   **Ein Depot aus zehn Aktien verdaut einen Einzelverlust gut**

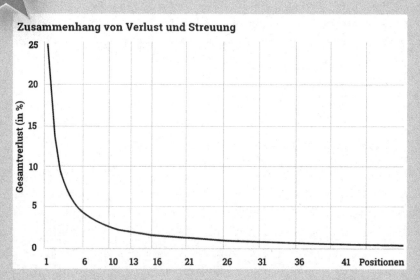

Was wäre, wenn eine Position in Ihrem Depot 25 Prozent Verlust einfahren würde? Ab einem Depot mit zehn Titeln fällt das nicht mehr so ins Gewicht.

Die Systemkritik

Um gleich bei der 3:1-Formel von O'Neil anzuknüpfen: Sie ist eine schöne Sache, hat aber einen Haken. Was, wenn die Aktien, bei denen wir richtigliegen, nicht um 20 bis 25 Prozent steigen? Dann geht die Rechnung nicht mehr auf.

O'Neils Methode ist einer der anspruchsvolleren. Anleger müssen sich viele der Daten mühsam zusammensuchen, wenn sie nicht Leser seiner Zeitung sind. Er mischt dazu viele Stile von fundamentaler Analyse bis Charttechnik, quantitativ und qualitativ. Das ist nicht jedermanns Sache, ehrlich gesagt auch nicht so ganz meine. Am schwersten wiegt vermutlich die Tatsache, dass O'Neil seine CAN-SLIM-Methode so genau beschrieben hat, dass wirklich jeder sie nachahmen kann und sie auch bereits vielfach kopiert wird. Wenn allerdings alle nach exakt dem gleichen Muster Geld anlegen, dann funktioniert das Erfolgsrezept nicht mehr besonders gut.

An der Performance der Methode ist eigentlich nichts auszusetzen. Von Januar 1998 bis Dezember 2012 soll CAN SLIM der O'Neil-Zeitung *IBD* zufolge 24,7 Prozent Rendite pro Jahr erzielt haben, während der Vergleichsindex S&P 500 jährlich nur um 2,6 Prozent zulegte. Laut American Association of Individual Investors (AAII) legte eine CAN-SLIM-Auswahl von 2001 bis 2015 jährlich 22,0 Prozent zu, der S&P 500 lediglich 3,9 Prozent pro Jahr. Dem steht allerdings die teils schlechte Performance der O'Neil-Fonds in früheren Jahren entgegen.

Wie *CBS News* aufdeckte, verlor der O'Neil Fund, der 1965 so fulminant gestartet war, von 1969 bis 1974 stolze 53,6 Prozent, während der S&P 500 nur 18,8 Prozent einbüßte. Ein anderer Fonds, der 1992 aufgelegt wurde, konnte von April 1992 bis Juni 1994 nur drei Prozent zulegen. Der S&P stieg im selben Zeitraum jedoch insgesamt um 17,4 Prozent. Der Fonds ging in einem anderen auf. 2005 folgte ein neuer Fondsversuch, der ebenfalls nicht besonders glücklich verlief. Was sagt uns das? Es gibt keine Garantie auf einen permanenten Erfolg – auch nicht mit CAN SLIM. Ein CAN-SLIM-Seminar bei William O'Neil + Co. kostet laut *Los Angeles Times* übrigens zwischen 179 und 6.995 Dollar. Da sind Sie mit den 24,99 Euro für dieses Buch deutlich besser dran.

Das Erfolgsrezept

Basis für das Erfolgsrezept von O'Neil ist seine CAN-SLIM-Methode. Deren Kriterien habe ich noch um einige Kennzahlen erweitert, die O'Neil nicht minder wichtig erscheinen. Elementar ist beispielsweise nicht nur eine Relative Stärke der Aktie, sondern auch der gesamten Branche, aus der sie stammt. Die Aktie sollte in der Nähe ihres 52-Wochen-Hochs notieren und sich im Verhältnis zum Gesamtmarkt auch besser entwickelt haben als dieser in den vergangenen drei Monaten. O'Neil ist Fan einer geringen Anzahl an sich im Umlauf befindlichen Aktien. Die Rede ist von weniger als fünf Millionen oder zumindest weniger als 30 Millionen. Dieses Kriterium lasse ich bewusst außer Acht, ist die Zahl der Aktien doch heutzutage in den meisten Fällen höher. Sie können alternativ einen Blick auf den Streubesitz (auch Freefloat) werfen. Dieser sollte mehr als 60 Prozent betragen. Aktienrückkäufe findet O'Neil ebenfalls gut. Sie sind beim Erfolgsrezept aber nur optional.

8.2 Anlagestrategie nach O'Neil

Nr.	Kriterium	Bedingung
1	EPS aktuelles Quartal	> +25 % Vorjahresquartal
2	EPS	> +25 % Vorjahres-EPS 3 Jahre (ideal Beschleunigung)
3	Aktueller Kurs ggü. 52-Wo.-Hoch	> 85 % (ideal = 52-Wo.-Hoch)
4	Relative Stärke der Branche	> 70 %
5	Relative Stärke	> 80 %
6	Institutionelle Investoren	> 0 (ideal mind. 25 Investoren)
7	Aktueller Kurs ggü. S&P 500*	> Kurs vor 3 Monaten ggü. S&P 500*
8	Eigenkapitalrendite	> 15 % (ideal > 17 %)
9	Umsatz	> +25 % vergangene 3 Quartale
10	Gewinnmarge nach Steuern	> Branchendurchschnitt (ideal = Allzeithoch)
11**	Aktienrückkäufe	≥ 5 % (ideal ≥ 10 %)

*alternativ: HDAX oder anderer breiter Index; **optional; EPS: Gewinn je Aktie

Quellen

- aaii.com
- Dobosz, John: Breaking Out With Bill O'Neil, Forbes, 23.2.2009
- investors.com (Investor's Business Daily)
- Kostigen, Thomas M.: The Profiting Prophet of Playa del Rey, Los Angeles Times, 5.3.2006
- O'Neil, William J.: 5 Schritte zum Börsenerfolg, Börsenmedien, 2007
- O'Neil, William J.: Wie man mit Aktien Geld verdient, Börsenbuchverlag, 2011
- Swedroe, Larry: Don't Confuse Strategy with Outcome, CBS News, 28.7.2010
- williamoneil.com

JAMES O'SHAUGHNESSY

9

James O'Shaughnessy

Der quantitative Investor

Für wen eignet sich die Strategie?

- **Anlegertyp:** Fortgeschrittene, risikobewusst/risikoreich
- **Anlageart:** substanzorientiert, trendfolgend, quantitativ
- **Anlagehorizont:** mittelfristig, 6 bis 18 Monate
- **Aufwand:** mittel, 2 bis 4 Stunden pro Woche

James O'Shaughnessy

Der Börsenstar

James (Jim) P. O'Shaughnessy fand heraus, dass die regelbasierte Kombination aus Trendfolge und Value-Investing mit fundamentalen Kriterien besonders erfolgreich ist. Er ist Autor des Bestsellers „Die besten Anlagestrategien aller Zeiten" („What Works on Wall Street") – eines meiner Lieblingsbücher, nicht im Hinblick auf den Schreibstil, aber was den Inhalt angeht.

O'Shaughnessy kam 1960 in Saint Paul, der Hauptstadt des Bundesstaates Minnesota im Norden der USA, zur Welt und wuchs dort auf. Schon während seiner Schulzeit an der römisch-katholischen Militärschule Saint Thomas Academy (nur für Jungen) faszinierte ihn der Aktienmarkt und er beschäftigte sich mit den 30 Titeln aus dem Dow-Jones-Index. An der elitären, von Jesuiten geleiteten Georgetown University in Washington D. C. studierte er International Economics und International Business Diplomacy. 1986 machte O'Shaughnessy seinen Bachelor-Abschluss in seiner Heimat, an der University of Minnesota.

Danach arbeitete O'Shaughnessy für eine inhabergeführte Venture-Capital-Firma (Wagniskapital). Während dieser Zeit beschäftigte er sich auch mit quantitativen Analysen zur Unternehmensbewertung und zum Aktienmarkt. Für solche Studien würde er später bekannt werden. O'Shaughnessy blendet beim Investieren Emotionen aus und verfolgt quantitative Systeme nach festen Regeln, die keinen Platz für menschliche Fehler durch Emotionen lassen. Damit fährt er oft besser als der Gesamtmarkt und viele Fondsmanager, die nach keinen festen Regeln agieren.

1987 gründete er sein eigenes Unternehmen O'Shaughnessy Capital Management, das sich auf Aktienresearch spezialisierte. O'Shaughnessy, seine Frau und seine drei Kinder zogen 1991 nach Greenwich, Connecticut, um näher an der Finanzmetropole New York zu sein. 1994 erschien schließlich sein erstes Buch „Invest Like the Best". Zwei Jahre später kam „What Works on Wall Street" heraus. Der Bestseller wurde unter dem Titel „Die besten Anlagestrategien aller Zeiten" ins Deutsche übersetzt. Grundlage für das Buch waren Untersuchungen über einen sehr langen Zeitraum von 50 Jahren (in einer späteren, englischsprachigen Auflage 2011 sogar über 90 Jahre).

1996 startete er zwei Investmentfonds mit den Namen Cornerstone Growth und Cornerstone Value. Ein Jahr später legte die Royal Bank of Canada (RBC) einen O'Shaughnessy-Fonds für kanadische Anleger auf, dem noch weitere folgten. 1999 ging schließlich O'Shaughnessys Netfolio ans Netz. Das Portal sollte es Anlegern ermöglichen, ihr eigenes, breit gestreutes Depot via Internet zu führen. Das Unternehmen stellte seinen Dienst 2001 wieder ein – in dem Jahr platzte auch die Dotcom-Blase. 2000 hatte O'Shaughnessy sein Fondsgeschäft an Hennessy Advisors verkauft. 2001 schlüpfte er schließlich unter das Dach von Bear Stearns Asset Management (BSAM).

2007 konnte er sein Team mit Experten für quantitative Strategien von BSAM abspalten und startete O'Shaughnessy Asset Management, kurz OSAM, mit Sitz in Stamford, Connecticut. Die Vermögensverwaltung hat aktuell rund 5,4 Milliarden US-Dollar an Kapital von vermögenden Privatkunden und institutionellen Investoren eingesammelt (Stand: Ende 2015). O'Shaughnessy fungiert dort als Vorstandschef (CEO) und als Chefstratege (CIO).

Das *Forbes*-Magazin hat ihn in die Reihe der „legendären Investoren" aufgenommen – neben Größen wie Benjamin Graham, Warren Buffett und Peter Lynch. Auch wenn er hierzulande unbekannter als diese Legenden sein dürfte, gehört er dennoch völlig zu Recht zu den Börsenstars. Insgesamt hat O'Shaughnessy vier Finanzbücher geschrieben, die zwei bereits genannten und 1998 „How to Retire Rich" sowie 2006 „Predicting the Markets of Tomorrow".

Für verschiedene Anlagestrategien erhielt er sogar US-Patente. Auf der Website seiner Firma werden acht quantitative Methoden genannt: All Cap Core, Enhanced Dividend, International ADR, Market Leaders Value, Small Cap Growth, Small Cap Value, Small-Mid Cap Growth und Value Blend. Ich konzentriere mich hier auf die Erkenntnisse aus seinem Bestseller und die Cornerstone-Growth- sowie die Cornerstone-Value-Strategie. („Die besten Anlagestrategien aller Zeiten" habe ich 2012 via Video rezensiert, siehe http://*blog.boersianer.info/mein-lieblingsbuch/*.)

Neben den Finanzmärkten ist die Musik eine der weiteren Leidenschaften von O'Shaughnessy. Er ist im Vorstand des Lincoln Center for the Performing Arts und The Chamber Music Society of Lincoln Center aktiv. Das Lincoln Center ist das bedeutendste und bekannteste Kulturzentrum New York Citys.

Die Methode

O'Shaughnessy investiert völlig emotionslos. „Wir glauben, dass viele herkömmliche Fondsmanager scheitern, weil sie dazu neigen, auf Fakten basierende Grundlagen zu übersehen, und stattdessen attraktive, bunte Geschichten über ein Unternehmen oder eine Aktie bevorzugen", heißt es auf der Website seiner Firma OSAM als Begründung. Wer sich beim Investieren strikt an vorher festgelegte Regeln hält, also nach quantitativen Maßstäben Geld anlegt, der vermeidet solche Fehler. Es würde O'Shaughnessy zufolge oft schon reichen, einen Index nachzubilden, aber einfach ein paar der schlechtesten Aktien wegzulassen, um den Markt zu übertreffen. (Er nennt das „active stock elimination".)

O'Shaughnessy hat mit dem Research zu seinem Bestseller folgende Erkenntnisse erlangt.

1. Die Strategien für sehr kleine Aktientitel verdanken ihre Erfolge den Aktien mit einer Marktkapitalisierung unter 25 Millionen Dollar. Solche Papiere sind eigentlich für jede Anlegergruppe eine Nummer zu klein. Also: Finger weg von den Kleinstwerten, den Smallest unter den Small Caps.

2. Aktien mit niedrigem Kurs-Gewinn-Verhältnis (KGV) zu kaufen ist am gewinnträchtigsten, wenn man sich an größere und bekanntere Papiere hält. Also: Konzentrieren Sie sich auf Large Caps.

3. Wer in Aktien mit überdurchschnittlicher Performance investieren will, sollte auf ein niedriges Kurs-Umsatz-Verhältnis (KUV) achten. Also: Ziehen Sie das KUV dem KGV vor.

4. Die großen Verlierer des Vorjahres gehören zu den schlechtesten Aktien, die man kaufen kann. Das würde gegen die „Dogs of the Dow"-Strategie von Michael O'Higgins (Kapitel 3) und andere Untersuchungen etwa von John Howe sprechen, auf die sich Anthony Gallea (Kapitel 12) bezieht.

5. Ertragsgewinne im Vorjahr sind für sich allein genommen für die Beurteilung einer Kapitalanlage wertlos. Es fehlt der Vergleich.

6. Die langfristige Performance eines Portfolios steigt dramatisch, wenn man mehrere Faktoren berücksichtigt. Also: Bitte nicht nur auf die Dividendenrendite und/oder das KGV achten.

7. Man kann zehnmal besser als der US-Aktienindex S&P 500 abschneiden, wenn man auf große, bekannte Papiere mit hohem Ertrag setzt. Also: Large Caps, Marktführer und Markenhersteller.

8. Relative Stärke ist die einzige unter den vielen angewandten Methoden, die auf Dauer eine dem Markt überlegene Performance einbringt. Sie muss aber immer mit anderen Faktoren abgeglichen werden, um ihr hohes Risiko abzufedern. Dies ist meiner Meinung nach O'Shaughnessys wichtigste Erkenntnis! Die Kombination aus Trendfolge und Value-Investing verhindert, dass Anleger sprichwörtlich auf einen fahrenden Zug aufspringen.

9. Zu den schlechtesten Strategien gehört, in die aktuellen Lieblinge der Wall Street mit dem höchsten KGV zu investieren. Dies wäre der fahrende Zug.

10. Bei jeder Strategie müssen auch die Risiken genau bedacht werden, die die Strategie impliziert – eine Binsenweisheit.

11. Wer seine Ergebnisse als Investor verbessern will, sollte wachstums- und substanzorientierte Strategien kombinieren. Eine Kombination aus Growth und Value ist für viele Anleger ein Stilbruch, aber wenn man O'Shaughnessy Glauben schenkt, ein durchaus lohnender.

O'Shaughnessy untersuchte neben dem KGV und dem KUV zahlreiche weitere Kennzahlen. In Sachen Kurs-Buchwert-Verhältnis (KBV) fand er heraus, dass ein niedriges KBV langfristig vom Markt belohnt wird. Das ist einleuchtend, aber Aktien mit höherem KBV schnitten besser ab. Erklärung: Ein hohes KBV deutet auf einen Wachstumswert hin. Es sollte O'Shaughnessy zufolge Anleger nicht vom Kauf einer Aktie abhalten. Bei einem sehr hohen KBV ist allerdings Vorsicht geboten! Aktien mit hohem Kurs-Cashflow-Verhältnis (KCV) sollten Anleger hingegen ausnahmslos meiden. Das gilt auch für Aktien mit hohem KUV.

„Niedrige Kurs-Umsatz-Verhältnisse sind derjenige Wertindex, der am häufigsten und am stetigsten besser als der Markt abschneidet", schreibt O'Shaughnessy. Auch Dividendenrenditen untersuchte er und erachtete eine hohe Dividendenrendite als sinnvolle Kennzahl, vorausgesetzt, Anleger stützen sich nicht ausschließlich auf sie. Vernichtend fällt O'Shaughnessys Urteil dagegen für die Eigenkapitalrendite als alleinige Messlatte aus: „Aktien mit der höchsten Eigenkapitalrendite sind nur in der Hälfte der Zeit eine gute Geldanlage gewesen." Hier macht sich der lange Zeitraum bemerkbar, den O'Shaughnessy untersucht hat. Bei einem kürzeren Zeitraum wäre er zu einem anderen Schluss gekommen.

Die Kennzahl der Stunde heißt Relative Stärke. Als starke Aktien gelten Papiere, die sich im Aufwärtstrend befinden – man spricht auch von Momentum – und die aktuell höher notieren als ihr Durchschnittskurs der vergangenen 26 Wochen. O'Shaughnessy rät: „Kaufen Sie Aktien mit der höchsten Relativen Stärke, bedenken Sie dabei aber, dass die Volatilität dieser Papiere hohe Anforderungen an die emotionale Belastbarkeit stellen wird." Zur erfolgreichen Methode wird die Relative Stärke aber erst in Kombination mit anderen Kennzahlen. Wichtig ist dabei: Die Gewinner des Vorjahres sind oft auch die Gewinner des laufenden Jahres. Das heißt aber auch: Langfristig sind die Gewinner häufiger auszutauschen. O'Shaughnessy hält Aktien in der Regel ein Jahr lang. Ergänzt man nun die Relative Stärke um den Filter KUV, scheint die Zauberformel von O'Shaughnessy perfekt.

O'Shaughnessy verfolgt verschiedene Strategien, eine nennt er Cornerstone Growth, eine andere Cornerstone Value (Cornerstone = Grundstein). Mehr dazu gleich.

Robert Levy und seine Relative Stärke

Robert A. Levy kam 1941 in Washington D. C. zur
Welt, wuchs in unmittelbarer Nachbarschaft in
Petworth auf und studierte Ökonomie an der
American University in Washington D. C., wo er 1963 seinen
Bachelor-, 1964 seinen MBA- und 1966 seinen Doktortitel
erlangte. Zusammen mit Arthur Lipper, III. (Arthur Lipper
Corporation) führte er mehrere Aktienanalysen durch. Levy
gehörte zu den ersten Statistikern, die Anlagestrategien
anhand von Daten per Computer testeten. 1968 veröffent-
lichte er die Ergebnisse seiner Untersuchung unter dem
Titel „The Relative Strength Concept of Common Stock
Price Forecasting".

Er gründete mit CDA Investment Technologies sein eigenes
Unternehmen, das Finanzinformationen und Software
vertrieb. Seine Eltern sollen einen kleinen Computerladen
betrieben haben. Bekannt wurde CDA für seine Rankings
von Investmentfonds. 1986 verkaufte Levy seine Firma an
Elsevier aus Dänemark. Das Verlagshaus reichte CDA nur
ein Jahr später an die Thomson Group weiter – angeblich
mit einem großen Gewinn. Levy blieb bis 1991 Vorstandschef, drückte danach im Alter von 50 Jahren noch einmal
die Schulbank an der George Mason University School of
Law in Arlington, Virginia, und begann daraufhin eine
zweite Karriere als Jurist. Seit 1997 engagiert er sich zudem
für das Cato Institute, eine der größten Denkfabriken der
USA.

Levy verglich den aktuellen Kurs einer Aktie mit deren
Durchschnittskurs der vergangenen 26 Wochen (halbes

Jahr). Aktien, deren aktuelle Kurse deutlich über dem Mittelwert liegen, haben eine Relative Stärke. Sie befinden sich in einem Aufwärtstrend, man sagt auch, sie besitzen Momentum. Und solche Aktien setzen den Trend oft fort, getreu dem Motto: „The trend is your friend."

$$\text{Relative Stärke nach Levy} = \frac{\text{Aktienkurs}}{\text{26-Wochen-Ø-Kurs}} \times 100$$

Die Relative Stärke nach Levy (RSL) ist nicht zu verwechseln mit dem RSI (Relative Stärke Index). Der RSI ist ein Instrument der Charttechnik, von der Sie hier nicht viel lesen werden. Den oszillierenden Indikator erfand J. Welles Wilder, Jr. 1978. Er setzt die Auf- und Abwärtsbewegungen einer Aktie in einem Zeitraum von 14 Tagen in Relation zueinander. Die Indexwerte können von 0 bis 100 Prozent schwanken. Bei einem RSI von über 70 Prozent redet man von „überkauft", also zu hohen Preisen, und bei unter 30 Prozent von „überverkauft", also günstigen Kursen (vergleiche auch Kapitel 8).

Die Systemkritik

Mit dem Momentum-Musterdepot von *boersianer.info* verfolge ich einen Ansatz, der dem von O'Shaughnessy ähnelt. Die Kennziffern RSL und KUV sind hier meine Freunde für den Aufwärtstrend. Die Wertentwicklung des Musterdepots ist sehr gut, sowohl absolut als auch gegenüber dem DAX. Das kann sich natürlich auch einmal ändern. Doch innerhalb eines Jahres legte meine Aktienauswahl um 30,4 Prozent zu, während der DAX nur um 7,5 Prozent stieg.

boersianer.info-Momentum-Musterdepot 2015

Aktie	ISIN	Aktuel-ler Kurs (in €)	An-zahl (Ak-tien)	Summe (in €)	Anteil (in %)	Kauf-datum	Kauf-kurs (in €)	Perf. seit Kauf (in %)
Deutsche Telekom	DE0005557508	16,49	95	1.566,55	4,8	02.01.2015	13,19	25,0
Evonik Industries	DE000EVNK013	30,39	120	3.646,20	11,2	20.2./ 20.3./ 3.7.2015	32,70	-7,1
Freenet	DE000A0Z2ZZ5	30,84	53	1.634,52	5,0	02.01.2015	23,69	30,2
Fresenius	DE0005785604	64,86	45	2.918,70	9,0	02.01.2015	42,54	52,5
Hannover Rück	DE0008402215	108,00	50	5.400,00	16,6	02.01.2015	74,77	44,4
Heidelberg-Cement	DE0006047004	72,53	30	2.175,90	6,7	03.07.2015	71,87	0,9
Kion	DE000KGX8881	46,60	100	4.660,00	14,3	03.07.2015	42,54	9,5
Kuka	DE0006204407	81,83	31	2.536,73	7,8	02.01.2015	60,77	34,7
Merck	DE0006599905	87,93	48	4.220,64	12,9	02.01.2015	77,81	13,0
Nordex	DE000A0D6554	32,91	60	1.974,30	6,1	24.10.2015	28,15	16,1
Summe				30.733,54	94,3			
Gesamtsumme (inklusive Cash: 1.863,49 €/5,7 %)				32.597,03	100,0			30,4
Performance DAX								7,5

Quelle: boersianer.info #46; Stand: 18.12.2015; Start des Musterdepots am 2.1.2015 mit einer fiktiven Anlagesumme von 25.000 Euro; keine Zinsen und keine Depotgebühren berücksichtigt; Dividenden werden der Cashposition zugeordnet und nicht bei der Performance einzelner Aktien berücksichtigt; Anlageuniversum: HDAX (DAX, MDAX, TecDAX) und SDAX.

Viele Untersuchungen kommen zu dem Schluss, dass die Verliereraktien die Gewinneraktien von morgen sind. Das steht ein wenig im Widerspruch zur Trendfolge. Die starken Aktien sind auch jene, die bei einer gene-rellen Trendwende als Erste verkauft werden. Und nicht zuletzt funkti-oniert die Methode zwar sehr gut in Hausse-Phasen, aber nur bedingt in einem Bärenmarkt. Die Relative Stärke in Kombination mit fundamen-talen Kriterien ist aber trotzdem eines der erfolgreichsten Rezepte für die Börse. Statisch anwenden wie O'Shaughnessy würde ich die Methode aber nicht (und mache dies ganz konkret auch nicht beim Musterdepot).

Das Erfolgsrezept

O'Shaughnessy empfiehlt ein Depot mit 25 bis 50 Positionen. Das ist bei einer rein quantitativen Vorgehensweise handhabbar. Die Haltedauer beträgt oft nur ein Jahr. Ist der Zielkurs in Sicht, verkauft er fünf Prozent vor diesem. Dividendentitel verkauft er außerdem, wenn das Unternehmen die Dividende um 50 Prozent oder mehr reduziert hat.

O'Shaughnessy macht selbstverständlich einen Unterschied zwischen einer substanz- oder wertorientierten (Value-) sowie einer wachstumsorientierten (Growth-)Strategie. Value-Titel sollten zum Beispiel deutlich größer sein (Börsenwert ≥ eine Milliarde Dollar beziehungsweise eine Milliarde Euro). *Forbes* und die American Association of Individual Investors wandelten auch einmal in O'Shaughnessys Fußstapfen. Sie beschränkten ihre Auswahl auf US-Aktien und schlossen Aktien, die nicht gut handelbar sind, aus (Over-the-Counter, OTC). Als Kriterium für das Kurs-Umsatz-Verhältnis (KUV) legten sie ferner fest, es solle sich unter den niedrigsten 30 Prozent des Marktes befinden. Das Gleiche gilt für das Kurs-Cashflow-Verhältnis (KCV), während die Dividendenrendite zu den besten 60 Prozent gehören sollte. Diese Kriterien seien der Vollständigkeit halber hier genannt, sie kommen in meiner Interpretation des Erfolgsrezepts aber nicht zur Anwendung.

O'Shaughnessys Methode

Nr.	Kriterium	Bedingung
Cornerstone Growth		
1	Marktkapitalisierung	> 200 Mio. €
2	EPS-Wachstum	EPS Jahr 1 > EPS Jahr 2 >... > EPS Jahr 5
3	Kurs-Umsatz-Verhältnis	< 1,5
4	Relative Stärke nach Levy	> 110 (& Top 50 aller Aktien)
Cornerstone Value		
1	Marktkapitalisierung	> 1 Mrd. €
2	Cashflow	> Marktdurchschnitt
3	Ausstehende Aktien	> Marktdurchschnitt
4	Handelsvolumen 52 Wochen	> Marktdurchschnitt
5	Dividende	Top 50 aller Aktien

EPS: Gewinn je Aktie

Quellen

- Baker, Robert: Netfolio Shuts Up Shop, BusinessWeek, 6.9.2001

- Berger, Peter (Interview): Mit Strategien lässt es sich mehr Geld verdienen, Strategie-Magazin, Januar 2011

- Hankes Börsen-Bibliothek, blog.boersianer.info/mein-lieblingsbuch/

- Levy, Robert A.: The Relative Strength Concept of Common Stock Price Forecasting, Investors Intelligence, 1968

- Lipton, Joshua: O'Shaughnessy's Keep-It-Simple Stocks, Forbes, forbes.com/2009/02/23/oshaughnessy-investors-strategy-personal-finance_oshaughnessy.html

- O'Shaughnessy Asset Management (OSAM), osam.com

- O'Shaughnessy, James P.: Die besten Anlagestrategien aller Zeiten, TM Börsenverlag, 2007

MARTIN ZWEIG

10

> »Die zweite Eigen-
> schaft nach Disziplin, die
> man braucht, um im Markt
> erfolgreich zu operieren, ist
> Flexibilität.«
>
> Martin Zweig, 1986

Martin Zweig

Der Prophet

Für wen eignet sich die Strategie?

- **Anlegertyp:** Fortgeschrittene/Profis, risikobewusst/risikoreich
- **Anlageart:** wachstumsorientiert, trendfolgend
- **Anlagehorizont:** mittelfristig/langfristig, 6 bis 36 Monate
- **Aufwand:** mittel/hoch, 2 bis 6 Stunden pro Woche

Martin Zweig

Der Börsenstar

Martin (Marty) E. Zweig war ein Crashprophet und bekannt für seinen exzentrischen und verschwenderischen Lebensstil. Zweig verwendete bei der Aktienauswahl sowohl Growth- als auch Value-Kriterien und Timing-Instrumente. Er starb 2013 im Alter von 70 Jahren.

Zweig sagte den Börsencrash 1987 voraus und auch, dass er nicht lange anhalten würde. In der TV-Sendung „Wall Street Week With Louis Rukeyser" (*PBS Television*) prophezeite er den bevorstehenden Crash am Freitag, den 16. Oktober 1987. Aufzeichnungen davon finden Sie heute bei Youtube (etwa unter https://goo.gl/pXuccT). Bereits am nächsten Handelstag, am Montag darauf, erfüllte sich seine Weissagung. Perfektes Timing! Der Tag ging als Schwarzer Montag in die Geschichte ein. Der US-Leitindex Dow Jones brach um 22,6 Prozent ein, der schlechteste Börsentag aller Zeiten (siehe Tabelle 10.1).

10.1 Die zehn schlechtesten Tage des Dow Jones

Rang	Datum	Schlussstand in Punkten	Veränderung in Punkten	Veränderung in Prozent
1	19.10.1987	1.738,74	-508,00	-22,6
2	28.10.1929	260,64	-38,33	-12,8
3	29.10.1929	230,07	-30,57	-11,7
4	6.11.1929	232,13	-25,55	-9,9
5	18.12.1899	42,69	-4,08	-8,7
6	20.12.1895	29,42	-2,74	-8,5
7	12.8.1932	63,11	-5,79	-8,4
8	14.3.1907	55,84	-5,05	-8,3
9	26.10.1987	1.793,93	-156,83	-8,0
10	15.10.2008	8.577,91	-733,08	-7,9

Stand: 31.12.2015

Zweig war nicht allein, auch andere Börsenstars sahen den Crash kommen (siehe Kapitel 14, Uwe Lang). Aber niemand außer ihm lag mit dem Zeitpunkt richtig. Die Vorhersage verhalf ihm zu großer Aufmerksamkeit. Er hatte schon im Vorfeld zwei Bücher geschrieben, die aber bis dato nur Insidern bekannt waren.

Zur Welt kam Zweig 1942 in Cleveland, Ohio. Sein Vater verstarb, als Zweig neun Jahre alt war. Die Familie zog nach Florida, wo seine Mutter wieder heiratete. Seine erste Aktie des Opel-Mutterkonzerns General Motors soll er im Alter von 13 Jahren gekauft haben, heißt es in vielen Quellen. Tatsächlich schenkte ihm wohl aber sein Onkel sechs GM-Aktien. Von diesem Zeitpunkt an wollte er angeblich Millionär werden. Das schaffte Zweig später auch. Seinen Bachelor machte er 1964 an der Wharton School of the University of Pennsylvania in Philadelphia. Im Anschluss daran arbeitete er tagsüber als Broker und lernte abends und nachts für einen weiteren Abschluss. 1967 machte er dann seinen MBA an der University of Miami und 1969 schließlich seinen Doktortitel an der Michigan State University in East Lansing. Seine Dissertation hatte das Put/Call-Ratio zum Thema, das er erfand. Die Kennzahl gibt das Verhältnis von gehandelten Put-Optionen (Verkaufsortionen) zu Call-Optionen (Kaufoptionen) an. Wenn die Put-Optionen überwiegen, deutet dies auf eine negative Marktstimmung hin – und umgekehrt. So weit ähnelt sein Lebenslauf denen der anderen Börsenstars. Doch nach seiner Ausbildung arbeitete Zweig nicht etwa für einen Broker oder Vermögensverwalter, er unterrichtete als Finanzprofessor Studenten und begann seine Karriere 1970 eher unfreiwillig als Herausgeber eines Börsenbriefs. Eigentlich sollte er den Newsletter für einen Broker schreiben, doch dieser ging kurz darauf pleite und so erschien Zweigs eigener Brief. Von 1971 bis 1997 schrieb er „The Zweig Forecast". Mit Artikeln im renommierten US-Finanzmagazin *Barron's* machte Zweig zudem auf sich und seinen Dienst aufmerksam. Er wurde für seine ausführlichen Analysen und seine treffsicheren Prognosen bekannt.

1977 begegneten sich Zweig und der Student Joseph (Joe) DiMenna an der Fairfield University Dolan School of Business in Fairfield, Connecticut, wo General Electric seinen Sitz hat und Zweig seinerzeit unterrichtete. DiMenna war ein großer Fan und Leser von Zweigs Newsletter. Er arbeitete einen Sommer lang für Zweig, machte 1979 seinen Bachelor-Abschluss in Fairfield und gründete 1984 das Joint Venture Zweig-DiMenna Partnership, woraus 1987 Zweig-DiMenna International Limited wurde (heute Zweig-DiMenna Associates). Sie starteten einen der ersten Long-/Short-Hedgefonds, ein Jahr vor Joel Greenblatts Gotham Capital (siehe auch Kapitel 4). 1986 und 1988 folgten zwei weitere Fonds. Später sagte Zweig einmal, es wäre eine der besten Entscheidungen seines Lebens gewesen, mit DiMenna zusammenzuarbeiten. Denn auch DiMenna ist ein Top-Investor.

1986 schrieb Zweig sein erstes Buch „Winning on Wall Street" (Deutscher Titel: „Die Börse im Griff") – ein Bestseller. Kein Jahr später folgte gleich sein zweites und letztes Buch „Winning with New IRAs" (IRA: Individual Retirement Account, eine Rentenanlage mit Steuervorteilen in den USA). Es folgte die Vorhersage des Crashs 1987. Von da an war Zweig ein Superstar in den USA. Sein Image pflegte er ausgiebig. Er kaufte sich ein teures Penthouse-Appartement über dem Pierre Hotel in Manhattan, ließ sich in teuren Luxussportwagen sehen, bestellte sich einen Billardtisch für 52.000 US-Dollar für seine Wohnung, erwarb ein Originaltrikot von Michael Jordan, die Gitarre von Buddy Holly, goldene Schallplatten der Beatles oder auch das Kleid von Marilyn Monroe, welches sie trug, als sie für US-Präsident John F. Kennedy im Madison Square Garden „Happy Birthday" sang. Sein dreistöckiges Penthouse in der Fifth Avenue soll in seinem Todesjahr 2013 mit rund 125 Millionen Dollar bewertet worden sein. 2004 bot er es kurzzeitig für 70 Millionen Dollar zum Verkauf, zog sein Angebot aber später zurück. Zweig kaufte es 1999 für 21,5 Millionen Dollar – seinerzeit ein Rekord für eine solche Wohnimmobilie. Auch auf Fisher Island in Florida hatte er ein stattliches Anwesen.

2007 rief Zweig-DiMenna einen weiteren Hedgefonds ins Leben, der sich auf den Energiesektor spezialisierte. Zweig und DiMenna sowie Zweig-DiMenna erhielten mehrere Auszeichnungen für ihre Performance („Top Money Manager", „Entrepreneur of the Year", „U.S. Equity Fund of the Year" et cetera). Im Crashmonat Oktober 1987 erzielte Zweig mit Leerverkäufen ein Plus von neun Prozent, im gesamten Jahr 1987 mehr als 50 Prozent! Dem *Hulbert Financial Digest* zufolge erzielte Zweigs Börsenbrief von 1980 bis 1990 eine Gesamtperformance von 492,9 Prozent. 1999 bezifferte *BusinessWeek* den Track Record (Erfolgsbilanz) von Zweig-DiMenna in einem Zeitraum von 15 Jahren seit 1984 auf jährlich 25 Prozent nach Gebühren, während der S&P 500-Index nur 18,6 Prozent pro Jahr zugelegt hatte.

Zweig war nicht nur ein eifriger Sammler, er spielte auch Poker, tanzte Salsa, ging regelmäßig joggen und beschäftigte sich ausgiebig mit Baseball-Statistiken. Marty Zweig verstarb 2013 auf Fisher Island und hinterließ eine Frau und zwei Söhne.

Insbesondere Jesse Livermore („How To Trade In Stocks") und Edwin Lefèvre („Reminiscences of a Stock Operator") beeinflussten Zweig und seine Arbeit maßgeblich.

Die Methode

Der ausschlaggebende Faktor für die Investmententscheidung war für Martin Zweig das, was er „Tape" nannte: die Kurs- und Umsatzentwicklung an den Börsen. Gegen dieses Tape sollten Anleger nie handeln. Man könnte auch sagen: gegen den allgemeinen Trend. „Das große Geld wird an der Börse verdient, indem man sich auf der richtigen Seite der großen Entwicklungen aufhält", schrieb er in seinem Buch „Die Börse im Griff". Bei Zweig gab es zwei Aggregatzustände eines Depots: zu 100 Prozent in Aktien investiert oder zu 100 Prozent in Cash, on oder off, schwarz oder weiß. Zweig war ein Trendfolger.

Er suchte nicht etwa nach den Aktien, die an einem Tiefpunkt notieren. Zweig: „Es ist viel wichtiger, dann zu kaufen, wenn die Wahrscheinlichkeit am höchsten ist, dass der Markt sich nach oben entwickelt." Dann heißt es nur noch mitschwimmen. „Ich folge dem Trend und bekämpfe ihn nicht." Besonders wichtig ist auch, nicht gegen die US-Notenbank Fed anzukämpfen. Erhöht sie die Zinsen, ist das Gift für Aktien und alles andere als ein guter Zeitpunkt für einen Einstieg.

Zunächst einmal griff Zweig auf eine eigene Messlatte zurück: Er benutzte einen ungewichteten Index und bereinigte dessen Entwicklung um die Inflation. Er nannte ihn Zweig Unweighted Price Index, kurz ZUPI. Der Index ähnelt dem Value Line Composite Average Index, kurz VLA, der rund 1.700 Aktien umfasst und ebenfalls gleichgewichtet ist (siehe auch Kapitel 4, Exkurs).

Der Hintergrund: In den meisten Indizes, so auch im DAX, sind die Unternehmen nach dem Börsenwert der im Streubesitz befindlichen Aktien gewichtet. So macht Bayer rund 9,4 Prozent des deutschen Aktienbarometers aus, während es bei Beiersdorf nur 0,94 Prozent sind (Stand: Ende 2015). Das verfälscht das Bild. Zweig wollte messen, wie sich alle Aktien im Schnitt entwickelt haben – unabhängig von der Größe. Auch ein um die Inflation bereinigter Index ist seiner Meinung nach besonders in turbulenten Phasen sinnvoll: „In einer Zeit galoppierender Inflation oder Deflation sollten Sie an den Indizes die entsprechenden Korrekturen vornehmen, um zu verhindern, dass Sie sich nach einer Messlatte aus Gummi richten."

Zweig orientierte sich zunächst an der Prime Rate, dem Sollzinssatz in den USA, zu dem die Geschäftsbanken ihren besten (Groß-)Kunden Barkredite mit einer Laufzeit von 90 Tagen einräumen. Der Zinssatz wird ungefähr einmal monatlich angepasst: „Das Schöne an der Prime Rate als Börsenindikator ist, dass sie sich im Unterschied zu anderen Zinssätzen nicht jeden Tag ändert." Einen Zins von acht Prozent und darüber stufte Zweig in den 80er-Jahren als hoch und als Verkaufssignal ein. Mitte Februar 2016 lag die Prime Rate bei 3,5 Prozent. Inwieweit sie heute, im aktuellen Niedrigzinsumfeld, als Maßstab gelten kann, ist meiner Meinung nach doch fraglich. Als hätte es Zweig aber schon 1986 gewusst, schrieb er: „Indikatoren funktionieren nicht für immer." Sie müssen folgerichtig angepasst oder verändert werden. Fest steht: „Veränderungen der Zinsen sind Vorboten für Veränderungen an der Börse." Schöner kann man es nicht ausdrücken. Zweig betrachtete zudem den Diskontsatz der US-Notenbank Fed, die Mindestreserveanforderungen (Fed-Indikator). Eine Anhebung beider ist ein Baisse-Signal. Wichtig: Der Effekt einer Lockerung der Geldpolitik ist in der Regel größer als der Effekt restriktiver Maßnahmen. Teilzahlungskrediten schenkte er ebenfalls Aufmerksamkeit. Steigt die Nachfrage nach Krediten, steigen die Zinsen. Alle drei Indikatoren, Prime Rate, Fed-Indikator und Kredite, fasste Zweig in einem monetären Modell zusammen. Je nach Entwicklung verteilte er Punkte für sein Gesamtsystem.

Als Momentum-Indikatoren setzte er zum einen den Advance/Decline-Indikator ein (Relation der steigenden zu den fallenden Aktien). Hatte dieser länger als zehn Tage ein Verhältnis von 2:1, signalisierte ihm das einen starken Aufwärtstrend. Als zweiter Maßstab kam der Up-Volume-Indikator zum Einsatz (Umsatz der steigenden Aktien gegenüber Umsatz fallender). Das Kriterium: 90 Prozent und mehr des Umsatzes müssen auf steigende Titel entfallen, damit der Indikator ein signifikantes Momentum anzeigt. Solch eine Relation von 9:1 auf der steigenden Seite hatte Zweig in der Vergangenheit im Schnitt zweimal im Jahr beobachtet. Ein solcher Tag leitet oft eine Hausse ein. Da alle bisher genannten Indikatoren aber recht kompliziert sind und sie selten Signale geben, griff er noch auf das 4-Prozent-Modell von Ned Davis („Antizyklische Investment-Strategien") zurück. Sie können all die Indikatoren also getrost wieder vergessen und sich auf diese eine Methode konzentrieren, wenn Ihnen die Indikatoren zu kompliziert sind.

Zweig betrachtete dafür den wöchentlichen Schlusskurs des Value Line Index, der ein Kaufsignal meldet, wenn er um vier Prozent oder mehr gestiegen ist und umgekehrt. Bei einem kleineren Ausschlag hat das vorherige Signal weiter Bestand. Vier Prozent oder mehr im Plus oder vier Prozent und mehr im Minus – so einfach soll es sein? Das mochte ich nicht glauben. Also habe ich es mit dem DAX und dem Stoxx 600 getestet. Beide Indizes sind nach Marktkapitalisierung gewichtet, anders als der VLA. Was beim DAX exzellent funktionierte, kaum Fehlsignale und eine tolle Performance lieferte, war beim breit gefassten Stoxx 600 eine Katastrophe. Dort lag die Trefferquote bei nur rund 40 Prozent. Die 4-Prozent-Regel ist also genauso nützlich wie mit Vorsicht zu genießen.

Was Zweig noch festgestellt hat: „Hat sich ein Trend etabliert, hält er normalerweise ein bis drei Wochen an." Und wie wählte er nun Aktien aus, wenn das Wochenplus über vier Prozent lag? Zweig achtete auf das Kurs-Gewinn-Verhältnis (KGV) sowie das Gewinnwachstum, das langfristig steigen sollte. Er mochte wachstumsstarke Aktien mit hohem KGV von mehr als 10. Warum? Weil Aktien mit niedrigen KGVs kein riesiges Wachstum versprechen. Hatte eine Aktie jedoch ein KGV, das dreimal höher war als das des Marktes oder höher als 43, mied er sie. Die von ihm favorisierten Unternehmen sollten zudem keine Kostensparprogramme durchführen, ihr Umsatz sollte wachsen und ihre Eigenkapitalquote sollte höher sein als die des Branchendurchschnitts. Zweig sortierte zudem Aktien aus, die dem Trend des Gesamtmarktes in der Vergangenheit nicht folgen konnten. Und er vertraute auf Insider, also Vorstände und Aufsichtsräte, die eigene Aktien kaufen.

Klassische Konjunkturindikatoren

Keiner der Börsenstars geht zwar vom Allgemeinen, der Makroökonomie, zum Speziellen, der Mikroökonomie. Doch einige wichtige, allgemeine Indikatoren können die Finanzmärkte stark beeinflussen und sind deshalb keineswegs zu vernachlässigen.

Beim Aktienkauf sind grundsätzlich zwei Herangehensweisen zu unterscheiden: Top-down und Bottom-up. Bottom-up-Verfechter betrachten das einzelne Unternehmen und bewerten dieses. Beim Top-down-Ansatz bestimmt der Anleger dagegen zunächst Konjunkturlage, Zinsniveau und Liquidität – völlig unabhängig vom Unternehmen. Erst dann sucht er sich die beste Branche heraus und aus dieser das beste Unternehmen. Für solch einen Anleger-Typ sind Wirtschaftsindikatoren enorm wichtig, für alle anderen sind sie aber auch nicht unbedeutend.

Ich stelle Ihnen im Folgenden sieben Indikatoren vor, die Sie unbedingt kennen sollten. Die Fieberkurven der USA bewegen die ganze Welt. Vier Barometer aus Übersee sind besonders wichtig. Ein Indikator ist die US-Arbeitsmarkt-Situation (Employment Situation). Sind neue Jobs in den USA geschaffen geworden oder sind mehr Menschen ohne Arbeit? Jeden ersten Freitag im Monat (14:30 Uhr MEZ) achten die Finanzmarktteilnehmer auf diesen Konjunkturindikator, der den Wert des Vormonats angibt, also ziemlich aktuell ist, was ihn, neben anderen Gründen, auch so wertvoll macht. Aktuelle Werte finden Sie direkt unter folgendem Link: *http://stats.bls.gov/news.release/empsit.toc.htm.*

Der Verbraucherpreisindex (Consumer Price Index, kurz CPI) ist die Messlatte für die Preisinflation im Einzelhandel und bei Dienstleistungen in den USA. Der Indikator wird monatlich in der zweiten oder dritten Woche nach dem Berichtsmonat (14:30 Uhr MEZ) veröffentlicht. Link: *www.bls.gov/cpi*.

Der Erzeugerpreisindex (Producer Price Index, kurz PPI) ist der wohl wichtigste Indikator für die Inflation in den USA. Er misst die Änderung der Preise, die von Unternehmen gezahlt werden, und wird monatlich zwei Wochen nach Ende des Berichtsmonats veröffentlicht (14:30 Uhr MEZ). Link: *www.bls.gov/ppi*.

Die ISM-Umfrage für das verarbeitende Gewerbe (ISM Manufacturing Survey) ist der erste veröffentlichte Wirtschaftsindikator des Monats. Er wird am ersten Arbeitstag nach dem Berichtsmonat (16 Uhr MEZ) veröffentlicht. Schneller geht es nicht. Link: *www.ism.ws/ISMReport*.

Von den Indikatoren made in Germany sind vor allem drei besonders wichtig für Anleger. Der Ifo-Geschäftsklimaindex gibt an, wie deutsche Wirtschaftsexperten das aktuelle und das zukünftige Geschäftsklima bewerten. Er erscheint monatlich in der vierten Woche des Berichtsmonats (10 Uhr). Link: *www.ifo.de*.

Das Statistische Bundesamt beleuchtet die deutsche Industrieproduktion in der zweiten Woche des Monats (11 Uhr) und bezieht sich dabei auf die Produktion, die zwei Monate zurückliegt. Link: *www.destatis.de*.

Der Deutsche Verbraucherpreisindex misst die Preisinflation. Vorläufige Zahlen werden um den 25. eines Monats

(7 Uhr) veröffentlicht, endgültige Zahlen zwei Wochen später. Link: *www.destatis.de.*

Die Systemkritik

Zweig bezeichnete sich selbst „sowohl als konservativ als auch als aggressiv". Seiner Meinung nach müssen Marktteilnehmer, die erfolgreich sein wollen, genau jene Flexibilität an den Tag legen. Das ist mit Sicherheit nicht jedermanns Sache. Aus Zweigs Perspektive hat die Börse stets mit Wahrscheinlichkeiten zu tun. Es gilt abzuwägen, ob man einsteigen und investiert sein oder aussteigen will. 100 Prozent investiert oder 100 Prozent desinvestiert kann teuer werden, wenn man falschliegt.

Letztlich bleibt die Frage offen, ob die Indikatoren von Zweig – insbesondere die makroökonomischen/fiskalpolitischen – heute noch in gleichem Umfang ausschlaggebend sind. Sicherlich sind auch gegenwärtig noch Zinsen Gift für Aktien, weil bei steigenden Zinsen Anleihen attraktiver erscheinen. Aber zumindest in dem Moment, wo ich diese Zeilen schreibe, sind Aktien alternativlos und nennenswerte Zinserhöhungen sind nicht in Sicht. Übrigens ist das von Zweig erfundene Put/Call-Ratio äußerst umstritten. Empirische Belege, die zeigen, dass es ein allzeit verlässlicher Indikator ist, gibt es nämlich nicht. Die 4-Prozent-Regel hat ihre Tücken und dann räumte Zweig selbst noch ein, dass Indikatoren nicht immer funktionieren oder im Lauf der Zeit angepasst werden müssen.

Eine halbe Stunde pro Woche soll Zweig zufolge ausreichen, um sein Erfolgsrezept umzusetzen. Das halte ich für sehr sportlich und gehe eher von mindestens zwei Stunden pro Woche aus.

Wir wissen es zwar nicht genau, aber es scheint ferner so, als ob William O'Neil sich bei seiner CAN-SLIM-Strategie einiger Elemente von Zweig bedient hat.

Das Erfolgsrezept

Zweig handelte auch mit Futures, Termingeschäften. Das kommt für Privatanleger nicht infrage. Ich konzentriere mich hier deshalb auf die Aktienauswahl nach Zweigs Kriterien. Voraussetzung ist ein Wochenplus von vier Prozent, im Idealfall des VLA, es kann sich aber auch zum Beispiel der DAX eignen. Das hängt nicht zuletzt davon ab, in welche Aktien Sie investieren wollen. Ausgangspunkt von Zweigs Erfolgsrezept ist das KGV, gefolgt vom Umsatz- und Gewinnwachstum. Auch der Verschuldungsgrad, die Eigenkapitalquote und Insiderkäufe spielen eine Rolle. Die Strategie eignet sich eher für Fortgeschrittene und Profis als für Anfänger.

10.2   **Zweigs Vorgehensweise bei gutem „Tape"**

Nr.	Kriterium	Bedingung
1	KGV	> 5 (ideal > 10); < 3 x Markt-KGV; < 43
2	Umsatzwachstum	> 25 %; > 85 % des EPS-Wachstums
3	EPS-Wachstum	> 15 % (ideal > 25 %)
4	EPS-Wachstum	EPS Jahr 1 > EPS Jahr 2 > ... > EPS Jahr 5
5	Eigenkapitalquote	> Branchendurchschnitt
6*	Eigenkapitalrendite	> Branchendurchschnitt
7	Verschuldungsgrad (Fremdkapital / Eigenkapital x 100 %)	< Branchendurchschnitt
8	Insiderkäufe	≥ 3 (und keine Insiderverkäufe)

*optional; KGV: Kurs-Gewinn-Verhältnis; EPS: Gewinn je Aktie

Quellen

- businesswire.com/news/home/20130218005747/en/ Zweig-DiMenna-Mourns-Loss-Marty-Zweig, 18.2.2013

- Gold, Howard: What Marty Zweig can teach us now, 1.3.2013, marketwatch.com/story/what-marty-zweig-can-teach-us-now-2013-03-01

- Schifrin, Matthew: Martin Zweig: Turbo Charged Value Stocks, 23.2.2009, forbes.com/2009/02/23/zweig-growth-value-personal-finance_marty_zweig.html

- Wachtel, Katya: Meet Joe DiMenna: The Hedge Fund Manager That If You Don't Know, You Should, 5.4.2011, businessinsider.com/joe-joseph-dimenna-diana-zweig-dimenna-2011-4

- Yamazaki, Tomoko: Martin Zweig, Who Predicted 1987 Market Crash, Dies at 70, 19.2.2013, bloomberg.com/news/articles/2013-02-19/martin-zweig-stock-author-who-predicted-87-market-crash-dies

- Zweig, Martin: Die Börse im Griff, Börsenbuch-Verlag, 1990

DAVID DREMAN

11

David Dreman

Der Querdenker

Für wen eignet sich die Strategie?

- **Anlegertyp:** Fortgeschrittene, risikobewusst
- **Anlageart:** substanzorientiert, antizyklisch
- **Anlagehorizont:** langfristig, 18 bis 36 Monate
- **Aufwand:** mittel/hoch, 2 bis 6 Stunden pro Woche

DAVID DREMAN

11

David Dreman

Der Börsenstar

David N. Dreman ist ein Querdenker, ein Contrarian und als solcher für seine antizyklischen Investments bekannt.

Dreman kam 1936 in Winnipeg, der Hauptstadt der kanadischen Provinz Manitoba, zur Welt. Die siebtgrößte Stadt Kanadas am Winnipegsee ist aufgrund ihrer Lage als Verkehrsknotenpunkt auch als Tor zum Westen bekannt. Sein Vater Joseph hatte einen Sitz an der dortigen Rohstoffbörse Winnipeg Commodity Exchange inne. Da lag es nahe, dass der junge David schon früh mit den Finanzmärkten in Kontakt kam. Dreman: „Ich wurde praktisch in das Geschäft hineingeboren." Im Alter von vier oder fünf Jahren nahm ihn sein Vater das erste Mal mit aufs Börsenparkett, als Kurse noch mit Kreide an Tafeln geschrieben wurden. Sein Vater war ein ebenfalls sehr erfolgreicher Investor und ein antizyklischer Anleger dazu. In der Schule hinterfragte Querdenker Dreman alle möglichen Wirtschaftstheorien. 1958 schloss er sein Studium an der University of Manitoba ab. Danach ging er nach New York, wo er eigentlich nur kurz bleiben wollte. (Erst 20 Jahre später zog er von New York nach West Palm Beach.)

Dreman arbeitete als Director of Research für Rauscher Pierce, als Senior Investment Officer bei Seligman und als Senior Editor von Value Line Investment Service. Er erlebte die Phase der „Nifty Fifty" in den 1960er-Jahren, als es so schien, als würden Aktien nur noch steigen. Und er begann sich auf die Erkenntnisse von Benjamin Graham zu besinnen. 1977 gründete er sein eigenes Unternehmen Dreman Value Management (DVM). Im selben Jahr veröffentlichte er sein erstes Buch „Psychology and the Stock Market: Investment Strategy Beyond Random Walk". Seinerzeit war die Markteffizienzhypothese von Eugene Fama (siehe Exkurs Kapitel 1) in aller Munde und Dreman wollte aufzeigen, was ihn daran störte.

1979 schrieb er seine erste Kolumne für das *Forbes*-Magazin, natürlich mit dem Namen „The Contrarian". 1980 folgte sein zweites Buch: „Contrarian Investment Strategy: The Psychology of Stock Market Success". Er schrieb noch drei weitere Bücher: 1982 „The New Contrarian Investment Strategy", 1998 „Contrarian Investment Strategies: The Next Generation" sowie 2012 „Contrarian Investment Strategies: The Psychological Edge". Keines der Bücher wurde bis heute ins Deutsche übersetzt. Dreman gehört ebenfalls zu den treibenden Kräften des Institute of Behavioral Finance, das das *Journal of Behavioral Finance* herausgibt.

Das Fondsgeschäft startete er 1988 mit von Beginn an gutem Track Record (Erfolgsbilanz). Ab 1995 soll er beruflich etwas kürzer getreten sein. Einige der Fonds, die Dremans Namen trugen, bot erst die Versicherung Kemper an, dann Scudder, Stevens & Clark. Schließlich schluckte die Deutsche-Bank-Tochter DWS Scudder und die Dreman-Fonds wurden unter dem Label DWS vertrieben. Contrarian Dreman blieb auch während der Finanzkrise 2007/2008 Bank-Aktien treu und so entwickelte sich der große Flaggschifffonds DWS Dreman High Return Equity Fund sehr schlecht. Anfang April 2009 kündigte die DWS Dreman deshalb. Im Juni 2009 übernahm ein Team der DWS aus Frankfurt das Management des Fonds, der in DWS Strategic Value Fund umbenannt wurde.

Dreman beeinflusst haben neben Benjamin Graham noch Michael Lewis („Liar's Poker") und einmal mehr, wie andere Börsenstars auch, Charles MacKay („Extraordinary Popular Delusions and the Madness of Crowds").

Die Methode

Dreman war nicht von Anfang an ein erfolgreicher Querdenker, der antizyklisch Aktien kaufte. Als Junior-Analyst investierte er in die Aktien der Unternehmen, die die Massen liebten und deren Gewinne explodierten – mit dem Resultat, dass er in kürzester Zeit 75 Prozent Verlust einfuhr. Dieses Schlüsselerlebnis weckte sein Interesse am Anlegerverhalten und ließ ihn erst zum Contrarian werden. Dreman fokussiert sich auf günstige Aktien, deren Kurs-Gewinn-Verhältnis (KGV) und deren Kurs-Buchwert-Verhältnis (KBV) niedrig sind. Dazu sollte noch das Kurs-Cashflow-Verhältnis (KCV) niedrig sein und die Dividendenrendite über dem Marktdurchschnitt liegen. Wenn Dreman von niedrig spricht, dann meint er in der Regel niedrig im absoluten Sinn, nicht niedrig im Vergleich zur Branche, zum Markt oder auch zur eigenen Historie einer Aktie. Sollte sich der Kurs einer Aktie drei Jahre lang nicht nach oben bewegen oder dieser hinter dem Gesamtmarkt zurückliegen, verkauft Dreman. Wenn eine Bank oder eine Versicherung Geld verliert, ist es nach dem Contrarian das Beste, die Aktie der Bank oder der Versicherung zu verkaufen oder erst gar nicht zu kaufen.

Dreman lässt auch die Finger von den hoch bewerteten Aktien wie Facebook, Google oder Apple, weil sie sicherlich weiter wachsen werden, aber nicht unbedingt mit den bisherigen Raten. Während der Dotcom-Blase kam so auch die Aktie des Internetproviders AOL für Dreman überhaupt nicht infrage. Er rechnete damals aus, dass das Unternehmen bei dem seinerzeit aktuellen, hohen KGV etwa doppelt so viele Kunden hätte haben müsste, wie es Menschen auf der Erde gibt. Eine gewisse Disziplin in Sachen KGV bewahrt vor Blasen, erklärt Dreman in einem Interview im *Forbes*-Magazin. In einem anderen Interview gibt er zu bedenken: „Es ist erfahrungsgemäß so, dass Sie nur selten gute Unternehmen mit einem KGV kaufen können, das tiefer als 8,0 liegt." Die Betonung liegt dabei auf gute Unternehmen!

Behavioral Finance

Exkurs

Nur wer seine Emotionen im Griff hat, kann an der Börse Gewinne einstreichen und sollte sich überhaupt aufs Parkett wagen. Empfehlenswert ist ein regelmäßiger Verhaltenscheck – auch für alle Anleger, die den Begriff Behavioral Finance schon einmal gehört haben. Deshalb folgt hier ein kurzer Exkurs zu dem Thema, dessen deutsche Übersetzung „Verhaltensökonomie" es wohl am ehesten trifft. Eine vollumfängliche Abhandlung des Themas würde nicht nur den Rahmen dieses Buches sprengen, sie wäre meiner Meinung nach auch des Guten zu viel. Ich frage mich immer ganz bewusst: Ist meine Kauf- oder Verkaufsentscheidung durch irgendwelche Emotionen beeinflusst oder handele ich wirklich ausschließlich rational? Das reicht mir in der Regel schon. Dazu rufe ich mir im Zweifelsfall noch in Erinnerung, dass etwa beim DAX eine Schwankung von 1,5 Prozent weder eine Rallye noch ein Crash ist, wie es uns die Medien oft weismachen wollen, sondern nur das täglich Brot. Ob das allerdings für Sie kopierbar und ausreichend ist, können nur Sie entscheiden. Vielleicht sind Sie diesbezüglich nach den folgenden Zeilen schlauer.

Sie fahren auf der Autobahn und stehen im Stau. Links scheint es schneller zu gehen. Sie wechseln die Spur, doch nun rollen die Autos auf der rechten Spur an Ihnen vorbei. Ordnen Sie sich wieder auf Ihrer alten Spur ein? Nein? Dann sollten Sie vorsichtig bei der Geldanlage sein!

Der staugeplagte Autofahrer hängt nämlich gewissermaßen an seiner getroffenen Entscheidung, auch wenn sie falsch war. Das kann auch Anlegern passieren. Als nächstes Unheil nehmen Autofahrer oder Anleger Sachverhalte oft nur selektiv wahr. Um im Autobahn-Bild zu bleiben: Wenige Meter lang ist die eigene Spur wieder schneller, alles andere, etwa dass es sich nur um wenige Meter handelt, wird ausgeblendet. Oder der Aktienkurs steigt kurz, bevor er massiv fällt, die negativen Nachrichten zum Unternehmen werden nicht ernst genommen. Anlegern droht eine weitere psychologische Falle: Sie entscheiden selektiv und kaufen Aktien nach. Damit erhöhen sie nicht nur ihr Risiko, sie verändern die Risikostreuung im gesamten Depot. Richtig wäre, nie nachzukaufen, es sei denn, Sie haben es sich vor dem ersten Kauf schon vorgenommen.

Verliereraktien sollten Sie abstoßen. Ich empfehle als Grenze 15 Prozent Verlust. Andere Experten etwa raten zu acht Prozent oder zu 25 Prozent. Abhängig ist das immer von der Volatilität der Anlageklasse. Der Stop-Loss-Kurs für schwankungsanfällige Goldminen-Aktien sollte ein anderer sein als der für Standardwerte aus dem DAX. Zudem gibt es einen Effekt des ausgegebenen Geldes. Wenn Sie sich beispielsweise einen Gebrauchtwagen gekauft haben, dann werden Sie in diesen leichten Herzens nochmals Geld stecken, falls nötig. Wäre der Wagen von Anfang an teurer gewesen, hätten Sie ihn vielleicht gar nicht erstanden.

Während wir sichere Verluste nicht realisieren, sind wir bei Gewinnen oft zu früh dran. Das liegt daran, dass der Mensch die ersten gewonnenen 100 Euro noch anders – mit mehr Freude – bewertet als die nächsten 100 Euro oder die übernächsten 100 Euro. Deshalb: Gewinne laufen lassen. Ich empfehle ganz generell – soweit man das verallgemeinern kann –, bei um die 30 bis 50 Prozent erste Positionen zu verkaufen, um Gewinne mitzunehmen.

Wir tricksen uns selber aber auch mit der Vereinfachung von Informationen aus, überschätzen uns und glauben alle Geldgeschäfte unter Kontrolle zu haben. Dann schummeln wir noch bei Bezugspunkten, an denen wir uns orientieren, und führen Konten im Kopf, wonach wir unsere Entscheidungen treffen. Beispiel: Sie verlieren zehn Euro, die Sie fürs Kino ausgeben wollten. An der Kinokasse registrieren Sie, dass Sie der Kinobesuch nach dem Verlust 20 Euro kostet. Verlieren Sie hingegen einen 10-Euro-Schein, den Sie nicht eingeplant hatten, kostet Sie der Kinobesuch scheinbar nur zehn Euro. Und selbst die Wahrscheinlichkeitsrechnung biegen sich einige Anleger zurecht. Kam beim Roulette fünfmal Schwarz, beträgt die Wahrscheinlichkeit für eine rote oder eine schwarze Zahl nach wie vor 50 Prozent!

Schlussendlich bewerten viele Anleger die aktuellen Nachrichten über. Weshalb ich übrigens nicht viel von täglichen Börsenkommentaren und Kommentatoren halte – auch wenn sie durch das Fernsehen omnipräsent sind.
Geld verdienen kann man durch Informationen von ARD-Börsenexperten, ntv-Sprechern und Co nicht!

Sicherheit ist den meisten Anlegern am wichtigsten. Doch viele Menschen neigen dazu, Sicherheit im Vergleich zu unsicheren Ereignissen überzubewerten. Davon profitiert etwa die Versicherungsbranche, die uns gegen wirklich alles schützt, wenn wir es nur wollen. Hilfreich kann für den einen oder anderen Anleger auch ein Tagebuch sein, in dem er nicht nur seine Trades, sondern ebenso sein Verhalten notiert.

Die Systemkritik

Wie das Beispiel mit dem DWS-Fonds zeigt, liegt ein antizyklischer Investor wie Dreman auch einmal falsch. Mit dem Kauf von Bank-Aktien inmitten der Finanzkrise ging er ein hohes Risiko ein, das sich am Ende nicht auszahlte. Typisch ist seiner Meinung nach, dass seine Strategie ein bis zwei Jahre nicht funktioniert. Dreman: „Eine Contrarian-Auswahl muss nicht gleich von Anfang an gut laufen."

Dreman ist davon überzeugt, dass Aktien im Gegensatz zu anderen Anlageklassen von einer hohen Inflation besonders stark profitieren. Deshalb bevorzugt er auch Titel von Unternehmen, denen eine Inflation in die Hände spielen würde. 2010 war er beispielsweise von Entwicklungsfirmen aus dem Erdgas- und Erdölbereich überzeugt. Die hohe Inflation stellte sich aber trotz all des Gelddruckens der Notenbanken nicht ein. Er rät auf der einen Seite in seinem Buch „The New Contrarian Investment Strategy" zu einer breiten Streuung, verfährt aber in der Praxis anders. Das finde ich etwas irritierend.

Dreman gab 2010 eine eigene durchschnittliche Performance von zehn bis 15 Prozent an. Laut einem Artikel der Website *www.gurufocus.com* aus dem selben Jahr soll der Large Cap Value Fund von DVM seit seiner Auflegung 1991 mit im Schnitt jährlich 17 Prozent rentiert haben, während der Small Cap Value Fund pro Jahr im Mittel 16,5 Prozent abwarf. Bei einem Ranking der *Forbes*-Kolumnisten landete Dreman auf Platz 4 von 64 hinter Ken Fisher (siehe Kapitel 7).

Das Erfolgsrezept

Dreman investiert fast ausschließlich in US-Aktien. Das KGV ist bei seiner Auswahl im Idealfall größer als 8 und kleiner als 14. In einem normalen Börsenumfeld verkauft Dreman nämlich, sobald ein Titel ein KGV von 14 aufweist. Ihn interessieren die Gewinnentwicklung, das Gewinnwachstum und die Bilanzstruktur. Neben dem KGV achtet er auf KBV, KCV, Eigenkapitalrendite, Reingewinnmargen und das Dividendenwachstum. Beim KBV und KCV sollten sich die Aktien jeweils im unteren Bereich unter den 40 Prozent der günstigsten Aktien befinden (viertes Dezil).

Dreman achtet hingegen nicht auf Analystenschätzungen, er rät dazu, sich von diesen auch nicht verrückt machen zu lassen, und investiert in Aktien, die aus der Mode sind. Die meisten Analystenschätzungen sind Dreman zufolge sogar reine Extrapolationen der aktuellen Trends und die Korrelationen zwischen den aktuellen und den erwarteten Gewinnen oft nur gering. Mit anderen Worten: Die Analysten liegen sehr häufig falsch. Dreman zielt darauf ab, dass Anleger bei Verlustmeldungen oft überreagieren.

Ein ideales Depot beinhaltet in Dremans Augen 15 bis 20 verschiedenen Aktien aus zehn bis zwölf verschiedenen Branchen. Diese Diversifikation sei besonders für Anleger wichtig, die in Aktien mit niedrigem KGV investieren, um das Risiko zu begrenzen. Das steht im Gegensatz zu seinem eigenen Vorgehen, etwa bei Bank-Aktien zur Finanzkrise.

11.1 Dremans Contrarian-Ansatz

Nr.	Kriterium	Bedingung
1	Marktkapitalisierung	> 1 Mrd. €
2	KGV	> 8; < 14 bis 16; = niedrigsten 40 % (4. Dezil)
3	Reingewinnmarge	> 3 % (ideal > 8 %)
4	EPS-Wachstum	> EPS-Wachstum S&P 500
5	KBV	= niedrigsten 40 % (4. Dezil)
6	KCV	= niedrigsten 40 % (4. Dezil)
7	Dividendenrendite	> Dow Jones + 1 %
8	Verschuldungsgrad	< Branchendurchschnitt
9	Current Ratio (Umlaufvermögen / kurzfristige Verbindlichkeiten)	< Branchendurchschnitt; ≤ 2
10	Eigenkaptialrendite	> 25 %

KGV: Kurs-Gewinn-Verhältnis; EPS: Gewinn je Aktie; KBV: Kurs-Buchwert-Verhältnis; KCV: Kurs-Cashflow-Verhältnis

Quellen

- Berger, Peter (Interview): Der Herbst 2010 ist ein guter Einstiegs-zeitpunkt, Strategie-Magazin, September 2010

- Dang, Sheila (Interview): Why the Low PR Approach Works, Forbes, 12.10.2015

- dreman.com

- dremanbehavioralfinance.org

- dremancontrarianfunds.com

- Dreman, David: The New Contrarian Investment Strategy, Random House, 1982

- Norris, Floyd: David Dreman, Contrarian Fund Manager, Exits Unbowed, The New York Times, 9.4.2009

- Wolinsky, Jacob: David Dreman: A Very Undervalued Value Investor, gurufocus.com/news/110241/david-dreman-a-very-undervalued-value-investor, 24.10.2010

ANTHONY GALLEA

12

> »Genau dann,
> wenn man meint, die Zukunft
> werde genauso aussehen wie die
> Vergangenheit, kommt die
> Wende.«
>
> Anthony Gallea, 1998

Anthony Gallea

Der Herr der Insiderdaten

Für wen eignet sich die Strategie?

- **Anlegertyp:** Fortgeschrittene, risikoarm/risikobewusst
- **Anlageart:** substanzorientiert, antizyklisch, teils quantitativ
- **Anlagehorizont:** mittelfristig/langfristig, 6 bis 36 Monate
- **Aufwand:** mittel, 2 bis 4 Stunden pro Woche

Anthony Gallea

Der Börsenstar

Anthony (Tony) M. Gallea ist antizyklischer Investor und Vermögensverwalter, der sich insbesondere (legale) Insiderdaten der Vorstände und Aufsichtsräte zunutze macht.

Es ist kein Zufall, dass ich Anthony Gallea hier als letzten der nordamerikanischen Börsenstars vorstelle. Er ist hierzulande nicht nur sehr wenigen Anlegern bekannt, er verfolgt auch einen antizyklischen Ansatz wie Querdenker David Dreman (siehe Kapitel 11), den vielleicht nicht jeder Anleger kopieren kann oder sollte. Gallea, 1949 geboren, kommt aus Rochester im Nordwesten des US-Bundesstaates New York. An der dortigen Universität machte er nach fünf Jahren Studium 1972 seinen BA (Hauptfach Englisch) und absolvierte später seinen MBA an der Colorado State University in Fort Collins (1988 bis 1990).

Seit stolzen 36 Jahren, seit Juni 1980 bis heute, ist Gallea bei Morgan Stanley und den Vorgängerfirmen beschäftigt, die in Morgan Stanley aufgegangen sind: Pelican Bay Group, Smith Barney, Shearson und andere. Die Pelican Bay Group wurde von Gallea gegründet. Er hat sich in Palm Beach Gardens, Florida, niedergelassen und ist bei Morgan Stanley Senior Portfolio Management Director. Zusammen mit seinen Kollegen verwaltet Tony Gallea rund 1,7 Milliarden US-Dollar für Privat- und Firmenkunden. Er ist Mitglied auf Lebenszeit bei der American Mensa, einem Verein für Menschen mit hohem Intelligenzquotienten.

Er ist wie Robert Levy zudem Mitglied des Cato Institute, eine der einflussreichsten ökonomisch-politischen Denkfabriken der USA, und Mitglied des Ludwig von Mises Institute, eine Organisation, die das Gedankengut des Vertreters der Österreichischen Schule hochhält. An der St. John Fisher's Bittner School of Business ist er ferner als Lehrbeauftragter tätig.

1992 veröffentlichte Gallea sein erstes Buch („The Lump Sum Handbook"). 1998 folgte „Contrarian Investing", welches auch ins Deutsche übersetzt wurde („Antizyklisch investieren"), in dem Gallea konkrete Ratschläge zur Aktienauswahl gibt. Kurz darauf kam „The Lump Sum Advisor" auf den Markt und schließlich 2002 das vierte Buch mit dem Titel „Bulls Make Money, Bears Make Money, Pigs Get Slaughtered" (Deutscher Titel: „The Trend is Your Friend"). Unterstützung bei den Büchern bekam Gallea teilweise von Journalist William Patalon. Gallea beeinflusst haben neben David Dreman auch Gerald Loeb („Die Schlacht ums Überleben beim Investieren"), Charles MacKay („Extraordinary Popular Delusions and the Madness of Crowds") und Edwin Lefèvre („Reminiscences of a Stock Operator"), aber sicher ebenso Benjamin Graham und besagter Ludwig von Mises.

Die Methode

Anthony Gallea sucht die gefallenen Engel, Aktien, deren Kurse stark eingebrochen sind. Man könnte auch sagen: Aktien, die zurzeit niemand haben möchte – außer gut informierte Insider, also die jeweiligen Vorstände und Aufsichtsräte der Aktiengesellschaften. Deshalb setzt Gallea genau hier an. Die Idee: Die Manager wissen über ihr Unternehmen am besten Bescheid. Steigen sie nun bei ihrem Unternehmen mit ihrem privaten Geld ein, ist die zuvor gefallene Aktie mit Sicherheit unterbewertet. Gallea definiert en détail folgende Bedingungen.

Mehrere Insider müssen bei einer Aktie innerhalb eines halben Jahres mit einem signifikanten Volumen, mindestens 120.000 US-Dollar, eingestiegen sein und kein Insider darf verkauft haben. (Der Durchschnitt der Insidertransaktionen liegt bei 59.000 Dollar, Gallea verdoppelt sicherheitshalber.) Wir können hier getrost einfach Dollar durch Euro ersetzen. Je mehr Insider und je höher das Volumen, desto besser. Alternativ kann auch die Aktionärsstruktur als Indikator dienen. Wenn wissende Anleger fünf Prozent des Aktienkapitals des Unternehmens halten, bewertet Gallea das als ebenbürtig. Gleiches gilt, wenn ein Nicht-Insider seine Position von mindestens fünf auf zehn Prozent am Unternehmen erhöht. Damit aber nicht genug. Die Aktie muss außerdem innerhalb eines Jahres 50 Prozent an Wert eingebüßt haben. Gallea nennt dies die „50-Prozent-Regel" und beruft sich dabei auf eine Untersuchung von John S. Howe, der heute Finanzprofessor an der University of Missouri in Columbia ist. Howe fand heraus, dass sich solche abgestrafte Aktien im Folgejahr überdurchschnittlich gut entwickeln. Das kann ich bestätigen, wie ein Beispiel im Folgenden noch zeigen wird. Anleger sollten aber nicht nur auf den Kursrückgang und die Insidertransaktionen achten.

Die Aktien sollten anhand verschiedener Kennzahlen auch billig erscheinen. Erst dann können Anleger nämlich ausschließen, nicht in das sprichwörtlich fallende Messer zu greifen. Sie holen sich also keine blutigen Hände, weil es als sehr wahrscheinlich gilt, dass die Aktien nicht mehr stark fallen werden. Zwei der folgenden vier Kriterien sollten zutreffen. Sind alle vier Kriterien erfüllt, dann ist Vorsicht geboten. Denn dann könnte dies wiederum ein Zeichen für ein schwaches Unternehmen sein und nicht eines, welches unterbewertet ist. Die Kriterien im Einzelnen: 1.) Ein Kurs-Gewinn-Verhältnis (KGV) auf Basis der vergangenen vier Quartale von unter 12 oder 40 Prozent unter dem höchsten KGV der vergangenen fünf Jahre oder unter dem Durchschnitts-KGV des US-Aktienindex S&P 500. 2.) Ein Kurs-Cashflow-Verhältnis auf Basis des freien Cashflows von unter 10. 3.) Ein Kurs-Umsatz-Verhältnis von unter 1. 4.) Ein Kurs-Buchwert-Verhältnis von unter 1. Als Größenordnung gibt Gallea eine Marktkapitalisierung von mehr als 150 Millionen Dollar an.

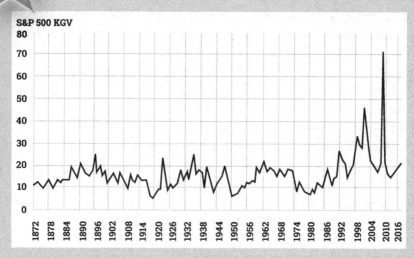

Kurs-Gewinn-Verhältnis des S&P 500

Liegt eine Aktie unter dem KGV-Durchschnittswert des breiten US-Aktienindex, ist dies Gallea zufolge ein Kaufkriterium. Der Mittelwert von 1871 bis heute liegt bei 15,6.

Quelle: boersianer.info

Gallea glaubt, dass ein antizyklischer Investor die Meinung der Marktteilnehmer beobachten muss. Ist die Stimmung, zu Neudeutsch das Sentiment, sehr optimistisch, dann haben alle Anleger sich bereits mit Aktien eingedeckt, weil sie alle mit steigenden Kursen rechnen. Umgekehrt bedeutet das, dass bei großem Pessimismus kaum ein Anleger investiert ist. Sentiment-Umfragen helfen Ihnen dabei aber nicht. Halten Sie sich lieber an Galleas System.

Wenn Sie sich entscheiden, ein Antizykliker zu sein oder zu werden, dann müssen Sie es voll und ganz. „Wenn man ständig zwischen den Meinungen der Mehrheit und der Minderheit schwankt, dann nährt und verfeinert man die antizyklischen Instinkte nicht", begründet Gallea. Als ein antizyklischer Investor, ein Contrarian, muss man damit leben, dass man auf der Cocktailparty allein mit seiner Meinung ist. Vermutlich ist

BÖRSENSTARS UND IHRE ERFOLGSREZEPTE

der beste Zeitpunkt zum antizyklischen Investment gekommen, wenn auf der Party niemand mehr mit Ihnen überhaupt über Aktien sprechen möchte. Denn: „Nur der Weg eines Einzelgängers führt uns zu unserem Ziel", so Gallea.

Hat der Contrarian eine Aktie gekauft, die alle anderen verkaufen, hofft er auf die Trendwende und einen Aufwärtstrend. An einem solchen Wendepunkt steigt oft auch die Volatilität. „Die größte Ironie des antizyklischen Investierens ist: Die meiste Zeit geht man mit der Masse", merkt Gallea an.

Je länger ich mich mit der Materie befasse und je häufiger ich mit anderen Anlegern darüber spreche, desto mehr glaube ich, dass den meisten Anlegern Pessimismus mittlerweile ein Begriff ist, Optimismus aber nicht. Kaufe, wenn die Kanonen donnern, wenn Blut auf der Straße fließt, dann, wenn die Kurse stark gefallen sind – das scheinen viele verinnerlicht zu haben. Aber auch zu verkaufen, wenn alle Welt von steigenden Kursen ausgeht, die Kurse stark gestiegen sind, das scheint noch für viele sehr schwierig zu sein. Zwei Linien und zwei Worte verdeutlichen das: Glauben und Unglauben. Kurz vor dem Hoch ist der Glaube an weiter steigende Kurse am stärksten, kurz danach der Unglaube am stärksten – und umgekehrt.

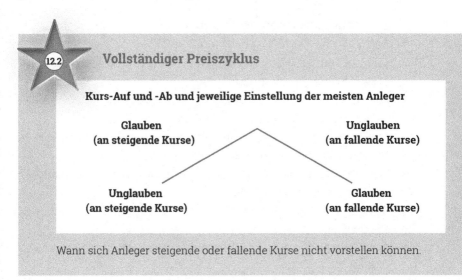

12.2 Vollständiger Preiszyklus

Kurs-Auf und -Ab und jeweilige Einstellung der meisten Anleger

| Glauben (an steigende Kurse) | | Unglauben (an fallende Kurse) |

| Unglauben (an steigende Kurse) | | Glauben (an fallende Kurse) |

Wann sich Anleger steigende oder fallende Kurse nicht vorstellen können.

Viele Anleger neigen dazu, neueste Informationen über- und ältere unterzubewerten. Dadurch entstehen falsche Aktienbewertungen und deshalb kann ich nur dazu raten, tägliche Börsennews mit etwas Abstand zu betrachten. Ich muss immer die Hände über dem Kopf zusammenschlagen, wenn es morgens in einer Nachrichtensendung heißt, die Börse sei gecrasht, und mittags sei die Börse dann wieder im Rallyemodus. Schwankungen sind ganz normal. Der DAX etwa schwankt in der Regel pro Tag vom Höchst- bis zum Tiefstkurs um 1,5 Prozent. Merke: 1,5 Prozent sind kein Crash und keine Rallye, lieber Nachrichtensprecher!

Als Antizykliker müssen Sie sich von solch einer Tagespanik frei machen und dürfen sich weder auf Übertreibungen einlassen noch abwarten, bis sich ein Aufwärtstrend gebildet hat. Es gilt: Je stärker die Überreaktion der Anleger, desto schneller erholt sich der Aktienkurs. Gallea beruft sich auf Benjamin Graham. Der kam zu dem Ergebnis, dass es 18 bis 36 Monate dauert, bis der Markt seine Überreaktion auf eine Aktie korrigiert. James Rea, ein Schüler Grahams, gab später als Zeitrahmen 24 Monate an. Gallea schreibt: „Die erste Erholung nach dem starken Rückgang hält etwa fünf Monate (20 Wochen) lang an."

Gallea nennt zehn Signale, die auf eine Übertreibung hindeuten beziehungsweise zutreffen.

1. Spekulative Manien treten fast immer in Phasen des Wohlstands auf.
2. Die meisten spekulativen Manien werden von billigem Geld und billigen Krediten angetrieben.
3. Alle spekulativen Manien zeichnen sich durch eine immer breiter werdende Akzeptanz aus.
4. Spekulative Manien werden immer von Expertenmeinungen unterstützt, die die Spekulanten beruhigen.
5. Die Marktteilnehmer ignorieren alle Warnungen, die in Wirklichkeit die Stimme der Vernunft sind.
6. In einer spekulativen Manie ist es unmöglich, den Höhepunkt des Kursanstiegs vorherzusagen.
7. Es ist unmöglich, in einer spekulativen Manie erfolgreich zu investieren.

8. Spekulative Manien enden stets mit einem Crash, der so gewaltig ist, dass der Schmerz noch nach Jahren und Jahrzehnten spürbar ist.
9. Wenn sich eine Manie ausbreitet und die Nachfrage nach Aktien und anderen Investments zunimmt, dann nimmt auch das Angebot zu.
10. Alle Manien enden abrupt und ohne große Warnsignale.

Was ich persönlich an Gallea noch schätze, sind seine hilfreichen Ratschläge über die Methode hinaus. Diese sind vermutlich auch seiner antizyklischen Sicht geschuldet. So rät er beispielsweise von Leerverkäufen ab und begründet dies sehr einleuchtend. Der Aktienmarkt befindet sich Gallea zufolge nämlich zu 80 Prozent der Zeit im Aufschwung oder einer Seitwärtsbewegung. „Mit anderen Worten: Wenn Sie an Leerverkäufen interessiert sind und von fallenden Kursen zu profitieren versuchen, stehen die Chancen nicht sonderlich gut für Sie." Da hat er recht. Viel besser, als auf fallende Kurse zu wetten, ist ohnehin einfach mal eine Pause einzulegen. Denken Sie an die Börsenweisheit „Sell in May and go away". Als Privatanleger sollte Ihnen das nicht schwerfallen. Viele Profis dürfen dagegen gar nicht zu 100 Prozent Cash halten.

Ein weiterer Ratschlag von Gallea: Kaufen Sie niemals Aktien nach, es sei denn – und jetzt kommt es –, der Kurs beim zweiten Kauf ist höher als der Einstandskurs. Das mag schwerfallen, ist aber sinnvoll und logisch. Stellen Sie sich vor, Sie haben eine Aktie bei einem Kurs von 100 Euro als attraktiv eingestuft, Sie sind sich sicher und kaufen zu 100. Dann fällt die Aktie auf 80 Euro. Sie haben aus meiner Sicht nun zwei Optionen. 1.) Sie überprüfen Ihre Einschätzung und kommen zu dem Schluss, dass Sie einen Fehler gemacht haben. Das ist durchaus legitim, völlig normal und passiert auch den größten Börsenstars. Dann sollten Sie Ihren Verlust begrenzen und die Aktie verkaufen. 2.) Sie sind der begründeten Meinung, ein Kursrückgang auf 80 Euro sei ungerechtfertigt. Dann kaufen Sie aber nicht nach, sondern warten auf einen Kurs von 101 Euro! Da Sie Ihre Aktie bei einem Kurs von 100 Euro als attraktiv eingestuft haben, ist sie das auch noch bei 101 Euro. Steigt das Papier, haben Sie einen Aufwärtstrend von 80 auf 101 Euro im Rücken, der sich vermutlich fortsetzen wird. Andernfalls haben Sie ohne einen Nachkauf auch kein gutes Geld schlechtem hinterhergeworfen, falls Ihre Einschätzung doch falsch war, Sie aber den Verlust nicht begrenzt haben. Gallea drückt Verlusten übrigens einen positiven Stempel auf: „Sehen Sie Verlust als Lehrgeld an." Wie ein Studium Geld kostet, so kostet auch der Erfahrungsschatz an der Börse Geld.

Super finde ich folgendes Gedankenspiel von Gallea. An dessen Ende sollten Sie zu dem Schluss kommen, sich zwar an der Börse zu engagieren, sich aber von dem Mythos zu verabschieden, Sie könnten Ihren Lebensunterhalt ausschließlich mit dem Trading bestreiten.

Galleas Stichpunkte zum Thema „leicht verdientes Geld"

Überlegen Sie, wie Sie unter den folgenden Marktbedingungen zu Geld kommen wollen:

- Sie haben zahlreiche Konkurrenten, die mehr Geld besitzen als Sie, kollektiv gescheiter sind und größeres Durchhaltevermögen aufbringen.
- Tausende von ihnen widmen jede wache Stunde der Schnäppchensuche. Weitere Tausende haben die besten Schulen besucht und einschlägige akademische Grade erworben. Was Ihnen möglicherweise an Instinkt oder Courage fehlt, das haben weitere Tausende Konkurrenten, die über exzellenten Instinkt verfügen, couragiert an die Sache herangehen und einen Haufen Geld in der Tasche haben.
- Das Finanzamt kassiert in den USA zwischen 20 und 40 Prozent Ihrer Gewinne für den Fall, dass Sie mal richtigliegen. (In Deutschland wird eine Abgeltungsteuer von 25 Prozent zuzüglich Solidaritätszuschlag und gegebenenfalls Kirchensteuer fällig.)
- Sie liegen endlos im Clinch mit Ihren Emotionen, desgleichen mit Ihren anderweitigen Lebensumständen, die ein konzentriertes, konsistentes Vorgehen erschweren.
- Sie haben so gut wie keine Möglichkeit, die Marktentwicklung vorauszusehen oder zu erkennen, welche Sektoren oder spezifischen Geldanlagen die Gewinner des Jahres sein werden.

Was sind eigentlich Insidertransaktionen, auch Directors' Dealings genannt?

Vorstände und Aufsichtsräte börsennotierter Gesellschaften sowie deren Angehörige sind dazu verpflichtet, ihre Käufe und Verkäufe von Aktien des eigenen Unternehmens den Börsenaufsichtsbehörden zu melden. In Deutschland ist für Insidertransaktionen die Bundesanstalt für Finanzdienstleistungsaufsicht, kurz BaFin, zuständig. Ihre Daten sind frei zugänglich unter *http://portal.mvp.bafin.de/ database/DealingsInfo/*. Die Datenbank ist etwas unübersichtlich gestaltet, enthält aber alle Käufe und Verkäufe bis zu einem Jahr nach der Erstveröffentlichung. Das deutsche Wertpapierhandelsgesetz (WpHG) verlangt, Geschäfte innerhalb von fünf Werktagen zu melden – und zwar sowohl dem Emittenten als auch der BaFin. Bis sie in der Datenbank auftauchen, können noch einmal ein bis zwei Tage vergehen.

Die Pflicht zur Meldung besteht nicht, solange die Gesamtsumme der Geschäfte einer Person mit Führungsaufgaben und der mit dieser Person in einer engen Beziehung stehenden Personen insgesamt einen Betrag von 5.000 Euro bis zum Ende des Kalenderjahres nicht erreicht.

Einer Studie der Professoren Carr Bettis und Don Vickrey von der Arizona State University sowie Donn W. Vickrey von der University of San Diego aus dem Jahr 1997, die Gallea zitiert, belegt: „Investoren, die die Aktivitäten der Insider nachahmten, erzielten eine um fast sieben Prozent höhere jährliche Rendite, als es mit Aktien ähnlicher Größe und vergleichbarem Risiko möglich gewesen wäre."

Was übrigens wenig Aussagekraft hat, sind aggregierte Insiderdaten! In der Regel verkaufen Insider ferner doppelt so häufig, wie sie kaufen. Verkäufe können aber andere Gründe haben (so braucht etwa das Kind oder Enkelkind Geld fürs Studium oder ähnliches) und sind ebenso als Signal unbrauchbar. Es zählen einzig und allein die Insider-käufe.

Die Systemkritik

Wie erfolgreich die Methode von Gallea sein kann, beweist ein Artikel, den ich 2008 für die *WirtschaftsWoche (Wiwo)* schrieb. Sie erinnern sich: Am 15. September 2008 ging die US-Investmentbank Lehman Brothers pleite, da arbeitete ich erst gut zwei Wochen für die *Wiwo*. Keine drei Monate später, am 1. Dezember 2008, kam meine Story zu Galleas Strategie mit dem Titel „Ersehnter Wendepunkt" ins Blatt. Im Vorspann hieß es: „Insider kaufen Aktien wie noch nie. Wie spekulative Anleger mit ihnen von der Erholung an den Börsen profitieren können, wo die Risiken dieser Strategie liegen." Dass die Strategie und meine Auswahl nur etwas für „spekulative" Anleger sei, verdanke ich dem Kollegen, der meinen Text redigierte. Einverstanden war ich damit nicht, behielt dies als neuer Kollege jedoch für mich.

Warum erzähle ich Ihnen das? Es zeigt die psychologische Barriere, die ein antizyklischer Investor überspringen muss. Der Kollege, der meinen Text redigierte, war dazu scheinbar nicht in der Lage und pro-zyklisch eingestellt. Er konnte sich zu diesem Zeitpunkt offenbar nicht vorstellen, dass die Aktienmärkte bald und vielleicht sogar überhaupt einmal wieder steigen würden, und versah den Artikel mit dem Wörtchen „spekulativ". Verstehen Sie mich nicht falsch: Die geschätzten Kollegen der *WirtschaftsWoche* gehören zu den wenigen Journalisten, die wirklich Ahnung von den Finanzmärkten haben. Hier lag der Kollege aber völlig falsch. Es gab zu diesem Zeitpunkt nicht nur keine sichere Auswahl, die zehn von mir empfohlenen Aktien kletterten auch gewaltig. Im Durchschnitt rentierten sie nach einem Jahr mit 52,9 Prozent und nach zwei Jahren mit 124,5 Prozent. Zudem verlor keine einzige Aktie an Wert! Zum Vergleich noch der DAX: Der deutsche Leitindex stieg im selben Zeitraum um 23,1 beziehungsweise 50,2 Prozent, wenngleich der Vergleich hinkt, denn ein skeptischer und nicht „spekulativer" Anleger wäre wohl überhaupt nicht investiert gewesen – weder in meine Auswahl noch in den DAX.

12.3 Aktienempfehlungen nach Galleas Erfolgsrezept (in der Wiwo)

Aktie	Kurs am 26.11.2008 (in €)	Damaliges Volumen von Insiderkäufen (in €)	Kurs am 26.11.2009 (in €)	Rendite 1 Jahr (in %)*	Kurs am 26.11.2010 (in €)	Rendite 2 Jahre (in %)*
Lanxess	12,90	2.461.636	24,52	**94,0**	54,37	**330,8**
ThyssenKrupp	14,92	2.268.112	23,98	**62,7**	30,70	**110,8**
BASF	24,50	1.863.558	40,25	**71,2**	58,36	**154,1**
Symrise	9,19	753.991	14,22	**60,2**	20,53	**135,4**
GEA Group	11,45	562.077	14,15	**26,2**	18,62	**68,7**
Wacker Chemie	74,63	388.651	104,38	**41,5**	133,50	**84,8**
Leoni	10,62	374.524	14,74	**38,8**	29,43	**183,7**
Bauer	18,85	251.365	28,87	**56,3**	31,05	**71,1**
Adidas	24,84	212.004	37,39	**51,9**	48,95	**101,7**
Salzgitter	49,57	136.818	62,15	**25,9**	50,85	**3,7**
Durchschnitt				**52,9**		**124,5**
DAX zum Vergleich	4.560,50		5.614,17	**23,1**	6.848,98	**50,2**
MDAX zum Vergleich	5.174,75		7.061,77	**36,5**	9.458,54	**82,8**
Outperformance ggü. DAX				**29,8**		**74,3**
Outperformance ggü. MDAX				**16,4**		**41,7**

jeweils Schlusskurs; *inklusive Dividende

So weit die positive Seite der Methode. Sie können sich vermutlich schon die negative Seite denken: Man findet leider nicht immer Aktien, deren Kurse im vergangenen Jahr um 50 Prozent gefallen sind und bei denen die Insider kräftig eingestiegen sind. Die Strategie hat ihre Schwächen eindeutig in Hausse-Phasen. Und sie stellt, wie eingangs geschildert, den Anleger und manchmal auch den Finanzjournalisten psychologisch auf eine harte Probe.

Mir gefällt an Anthony Gallea und seinem Erfolgsrezept außerdem, dass beide nicht so bekannt sind. Trotz TV-Auftritten, Interviews und Büchern steht Gallea nicht so im Mittelpunkt wie andere Börsenstars – ein Antizykliker, ein Einzelgänger durch und durch.

Das Erfolgsrezept

Gallea empfiehlt eine Haltedauer von zwei bis maximal drei Jahren. Neben der 50-Prozent-Verlustregel, den Insiderkäufen und den fundamental günstigen Kennzahlen, die allesamt für einen Kauf entscheidend sind, gibt er auch Regeln für den Verkauf an die Hand. Sie sollten sich demnach von einer Aktie trennen, wenn Sie 50 Prozent Gewinn eingefahren haben! Seien Sie also nicht zu gierig. Alternativ verkaufen Sie nach drei Jahren oder ziehen den Stoppkurs bei mindestens 30 Prozent Gewinn nach. Eine Ausnahme von der Regel gibt es, wenn sich die Situation des Unternehmens kontinuierlich verbessert, Insider neue Käufe tätigen oder der Aktienkurs trotz schlechter Nachrichten steigt.

Schon beim Kauf sollten Sie Gallea zufolge eine Stop-Loss-Order aufgeben, die Ihren Verlust auf 25 Prozent begrenzt. Ihr Depot sollte 20 bis 35 Positionen umfassen und jede einzelne Position maximal drei bis fünf Prozent des Gesamtkapitals ausmachen. In eine Investmentidee sollten nicht mehr als zehn bis 15 Prozent Ihres Geldes fließen. Dividenden würde Gallea sich immer bar auszahlen lassen und nicht reinvestieren, sozusagen als Reserve, empfiehlt er. Die Details des Erfolgsrezepts finden Sie in der folgenden Tabelle.

12.4 Galleas antizyklisches Erfolgsrezept

Nr.	Kriterium	Bedingung
1	Marktkapitalisierung	> 150 Mio. €
2	Aktienkursrückgang (25 Wochen)	> -50 %
3	Insiderkäufe	> 60.000 € (ideal > 120.000 €)
4	Insiderverkäufe	keine
2 von 4 der folgenden Kriterien		
5	KGV (letzte 4 Quartale)*	< 12
6	KCV (freier Cashflow)	< 10
7	KUV	< 1
8	KBV	< 1
Verkaufen		
9	Stop-Loss-Order bei	-25 %
10	Gewinn	+50 %
11	Haltedauer	3 Jahre

*alternativ: KGV 40 % unter höchstem KGV der vergangenen 5 Jahre oder KGV < Durchschnitts-KGV
S&P 500; KGV: Kurs-Gewinn-Verhältnis; KCV: Kurs-Cashflow-Verhältnis; KUV: Kurs-Umsatz-Verhältnis;
KBV: Kurs-Buchwert-Verhältnis

Quellen

- bafin.de

- Bettis, Carr/Vickrey, Don/Vickrey, Donn W.: Mimickers of Corporate Insiders Who Make Large-Volume Trades, Financial Analysts Journal, September/Oktober 1997, Volume 53, Issue 5

- Gallea, Anthony M.: E-Mail vom 1.3.2016

- Gallea, Anthony M./Patalon, William: Antizyklisch Investieren, FBV, 1999

- Gallea, Anthony M.: The Trend is Your Friend, Redline, 2002

- Hanke, Ulrich W.: Ersehnter Wendepunkt, WirtschaftsWoche, Nr. 49, 1.12.2008

- morganstanleyfa.com/anthony_gallea/

DEUTSCHE
BÖRSENSTARS

Deutsche Börsenstars

Börsenstars bevölkern nicht nur Nordamerika, die Wall Street in New York und damit den größten Finanzplatz der Welt. Auch in Deutschland sind einige wenige Investoren richtige Stars. Gemeint sind nicht Fernsehkommentatoren, deren Gesichter zwar vielen Menschen bekannt sind, ihre Erfolge oder Misserfolge an der Börse aber nicht. Gemeint sind wahre Börsenexperten wie Max Otte, Uwe Lang und Susan Levermann. Was die drei Deutschen gemeinsam haben? Sie alle lehnen sich mehr oder weniger an die Methoden der US-Stars an, wie Sie dies vielleicht auch schon von meiner Arbeit her kennen.

Max Otte, Professor für Betriebswirtschaftslehre an der Hochschule Worms, ist ein Value-Investor und Anhänger von Warren Buffett sowie dessen Lehrmeister Benjamin Graham. Uwe Lang, als Börsenpfarrer bekannt und Trendfolgespezialist, orientiert sich an den Erkenntnissen von Robert Levy und James O'Shaughnessy. Und das System der ehemaligen Fondsmanagerin Susan Levermann ähnelt sehr einem Mix aus der Zauberformel von Joel Greenblatt und – wie bei Lang – den Ratschlägen von James O'Shaughnessy.

Alle drei haben wie die US-Stars Bücher geschrieben, in denen sie ihre Methoden skizzieren. Otte, Lang und Levermann und ihre Rezepte stelle ich Ihnen daher auf den folgenden Seiten in gewohnter Form vor.

MAX OTTE

13

> » Der scheinbar un-
> aufhaltsame Fortgang der
> Globalisierung hat die Illusion
> genährt, dass große Weltwirt-
> schaftskrisen der Vergangen-
> heit angehören«
>
> Max Otte, 2006

Max Otte

Der Königs-wegweiser

Für wen eignet sich die Strategie?

- ▶ **Anlegertyp:** Fortgeschrittene, risikobewusst
- ▶ **Anlageart:** substanzorientiert, antizyklisch
- ▶ **Anlagehorizont:** langfristig, 18 bis 36 Monate oder länger
- ▶ **Aufwand:** hoch, 6 bis 8 Stunden pro Woche

Max Otte

Der Börsenstar

Max Otte, 1964 im nordrhein-westfälischen Plettenberg als Matthias Otte geboren, ist einer der Börsenstars, die einen Crash voraussagten und deshalb berühmt wurden. Otte veröffentlichte bereits 2006 das Buch „Der Crash kommt", in dem er eine Finanzkrise prophezeite, die ab 2007 schwelte und die zur Pleite der US-Investmentbank Lehman Brothers am 15. September 2008 und den großen Verwerfungen in der Folge führte.

Otte nennt sich Max, im Gedenken an seinen Vater Max, einen Berufsschullehrer und Kommunalpolitiker, der 1983 im Alter von nur 55 Jahren starb. Da war Max junior gerade einmal 19 Jahre alt. Er nennt sich aber auch so, weil „dieser Name als Autorenname prägnanter sowie international besser zu verwenden ist". Otte hat die deutsche und seit 2005 auch die US-amerikanische Staatsbürgerschaft.

Er sowie eine Mitschülerin waren die Jahrgangsbesten im Abitur. Otte gab seinen Mitschülern in der Oberstufe auch Nachhilfe. „Schon früh war Otte von den Vereinigten Staaten von Amerika fasziniert und beschloss, bei passender Gelegenheit auszuwandern", heißt es auf seiner Website. Er studierte von 1983 bis 1989 Betriebswirtschaftslehre, Volkswirtschaftslehre und Politische Wissenschaften an der Universität Köln sowie kurzzeitig auch an der American University in Washington D. C. Otte war im Studentenparlament aktiv und erhielt zahlreiche

Auszeichnungen und Stipendien. 1989 schloss er als Diplom-Volkswirt mit der Note 1,6 ab und blieb so seinem Musterschülerdasein treu. Er arbeitete als Werkstudent bei der Unternehmensberatung Kienbaum. Dadurch verlängerte sich später auch seine Promotionszeit. Durch ein Woodrow-Wilson-Fellowship kam Otte an die Princeton University, wo er 1991 seinen Abschluss als Master of Arts in Public Affairs machte. 1997 promovierte er dort mit seiner Arbeit „A Rising Middle Power? – German Foreign Policy in Transformation". Nach seiner Promotion begann Otte als Senior Project Manager für den öffentlichen Sektor bei Arthur D. Little International zu arbeiten. Dem folgte 1998 eine Stelle als M&A-Berater beim Institut für Wirtschaftsberatung für mittelständische Unternehmen mit einem Schwerpunkt im Heizungs- und Sanitärgroßhandel. Im Herbst desselben Jahres wurde er Assistant Professor for International Relations am Department of International Relations der Boston University. Sein Probevortrag „The Euro and the Future of the European Union" vom April 1998 diagnostizierte eine falsche Konstruktion der Eurozone und sagte ernsthafte Probleme für die Eurozone voraus.

Otte stieß auf die Website Motley Fool (*www.fool.com*) und wollte sich am Unternehmen beteiligen. Die Verhandlungen scheiterten jedoch. Er ging daraufhin ein kurzlebiges Joint Venture mit *www.wallstreet-online.de* ein, das unter anderem daran scheiterte, dass das Portal tradingorientierte Nutzer hatte, während für Otte der langfristige Vermögensaufbau im Vordergrund stand. 2000 ging er ein weiteres Joint Venture mit Freenet ein, das 2002 eingestellt wurde, weil Freenet die notwendige Anschlussfinanzierung fehlte. Zusammen mit Onvista erwarb Otte die Insolvenzmasse und führte das Unternehmen weiter, bevor er Ende 2003 an Onvista verkaufen musste. Gleichzeitig hatte er seine Finanzberatung IFVE Institut für Vermögensentwicklung in Köln gegründet.

Am 17. März 2008 startete der PI Global Value Fund, der von der von Otte gegründeten Privatinvestor Verwaltungs AG beraten wird. Seit dem 1. Juli 2013 berät Otte zudem den in Deutschland aufgelegten Max Otte Vermögensbildungsfonds.

Seit 2001 ist Otte Professor für allgemeine und internationale Betriebswirtschaftslehre an der FH Worms. 2011 folgte ein Ruf als Universitätsprofessor für quantitative und qualitative Unternehmensführung an die Universität in Graz, Österreich.

Otte hat einen Sohn und eine Tochter und engagiert sich als evangelischer Laienprediger. Er ist unter anderem Mitglied im Verein Zentrum für Value Investing. Sein Vorbild ist Warren Buffett.

Die Methode

Im September 2011, zu einem Tiefpunkt beim DAX, telefonierte ich mit Otte. Er erklärte mir: „Würde ich noch auf Cash sitzen, würde ich signifikant in Aktien investieren, dauerhaft kann man in der heutigen Welt mit Cash nur verlieren." Und er riet Anlegern auch zu fünf bis zehn Prozent Gold und dazu, so viel Liquidität vorzuhalten, wie sie in den nächsten zwei, drei Jahren unbedingt brauchen würden. Sozusagen als Versicherung, falls es doch noch ganz schlimm werden sollte. Den Rest sollten Anleger in zehn bis 20 Aktientitel stecken.

Otte investiert in Unternehmen, die unter Buchwert gehandelt werden oder mehr Liquidität vorhalten, als sie gerade an der Börse wert sind. Ottes Sympathie gilt dem deutschen, schweizerischen und österreichischen Mittelstand, der über hohes Eigenkapital verfügt und dessen Management noch Werte vertritt, mit denen er sich identifizieren kann.

Er betrachtet oft den normalisierten Gewinn, das heißt, er schaut sich den Durchschnittsgewinn der vergangenen zehn Jahre an. Denn seiner Meinung nach ist nur ein nachhaltiges, langfristiges Kurs-Gewinn-Verhältnis (KGV) aussagekräftig. Zudem betrachtet Otte den Net Present Value (Kapitalwert) oder alternativ den Buchwert. Eine Aktie gilt als günstig, wenn sie ein KGV von unter 10 und ein Kurs-Buchwert-Verhältnis (KBV) von unter 1 hat. Dabei geht er nicht von einem großen Wachstum in der Zukunft aus, maximal dem in Höhe des Bruttoinlandsprodukts. „So bin ich aus dem ganzen Analysten-Hin-und-Her raus", sagt Otte. Denn Analysten liegen oft falsch. Unter Umständen kommen für Otte sogar Unternehmen infrage, deren Gewinne schrumpfen, wenn dies eine berechenbare Größe ist und die Aktien dennoch billig sind.

In Ottes Büchern taucht immer wieder sein Königstest oder seine Königsanalyse auf. Demnach überprüft er die folgenden Punkte bei jeder Aktie:

1. Ist die Bekanntheit des Markennamens groß?
2. Ist das Unternehmen der Herrscher über seine Branche?
3. Fertigt das Unternehmen geringwertige Endprodukte des täglichen Bedarfs?
4. Hat das Unternehmen/die Branche Wachstumspotenzial?
5. Konzentriert sich das Unternehmen auf das Kerngeschäft?
6. Hat das Unternehmen eine hohe Ergebnismarge?
7. Wächst der Gewinn kontinuierlich (über fünf Jahre)?
8. Wie verzinsen sich die einbehaltenen Gewinne?
9. Wie hoch ist die Cashflow-Marge und die Sachinvestitionsquote?
10. Wie hoch sind Eigenkapital und Eigenkapitalquote (über 40 Prozent)?

Wem der Königsweg zu anstrengend ist, dem empfiehlt Otte „seine Kaufleute-Strategie", die nichts anderes ist als Michael O'Higgins' „Dogs of the Dow" (siehe Kapitel 3). Otte investiert nach dem „Reinheitsgebot" in Qualitätsaktien, Staats- und Unternehmensanleihen sowie Termingelder. Dabei folgt er Warren Buffett, der wiederum Philip Fisher und Benjamin Graham zu Vorbildern hat.

Otte hält nichts von Charttechnik, Day-Trading, Geheimtipps und Optionen oder Termingeschäften als Investmentinstrumente. Wer zocken will, soll Otte zufolge fünf Prozent seines Kapitals in der Spielbank oder sonstwo auf den Kopf hauen und mit den restlichen 95 Prozent „soliden Anlagegrundsätzen" folgen.

Der Crash kommt

Exkurs

Otte verdankt seinem Buch „Der Crash kommt" den Titel „Crashprophet" und einen gewissen Bekanntheitsgrad. Denn darin prophezeite er 2006 korrekt eine Finanzkrise, die sich kurz darauf, 2007/2008, einstellte. Otte: „Nach allem, was mir meine Daten sagen, ist eine Weltwirtschaftskrise in den nächsten fünf Jahren sehr wahrscheinlich." Wie kam Otte darauf? Ganz einfach: Schuld ist die Globalisierung. Denn die Globalisierung hat eine große Blase erzeugt. Mit einer Ausweitung der Geldmenge und der Kredite ist die Welt mit Liquidität überschwemmt worden. Das schrieb Otte wohlgemerkt 2006! „Die Geldmenge der Welt hat sich in den letzten dreißig Jahren mehr als vervierzigfacht, die Gütermenge nur vervierfacht", so Otte. Auch am Aktienmarkt ließ sich das 2006 ablesen. Denn der US-Aktienindex Dow Jones verzwölffachte sich seit 1982, während das Bruttoinlandsprodukt der USA nur um das Vierfache stieg. Wachstum und Wohlstand in diesem Ausmaß seien nicht mehr miteinander vereinbar. Die Inflation müsste eigentlich steigen, die Schulden sind jedenfalls gestiegen – als ob die Welt Krieg geführt hätte.

Und dann sind da noch die Massenvernichtungswaffen, wie Warren Buffett sie nennt: Derivate, auch als Zertifikate bekannt. Und wir wissen spätestens seit der Lehman-Pleite, dass das Ausfallrisiko eines Emittenten eines Zertifikats nicht nur ein theoretisches Risiko ist. Weil alle Krisen nach 1929 eher kurzlebig waren oder regional, sei es auch einfach an der Zeit für eine Weltwirtschaftskrise. Otte sollte recht behalten. Nach dem Crash 2008 forderte er, unter anderem, als einer der Ersten die Verstaatlichung der Bank Hypo Real Estate. Im April 2010 forderte Otte einen Austritt der am stärksten verschuldeten Staaten Europas aus der Eurozone. Er unterstützte auch das Verbot ungedeckter Leerverkäufe durch die Bundesregierung. Otte setzt sich für eine strikte Finanzmarktregulierung und Eigenkapitalregeln für Banken ein und ist ein Gegner der Bargeldabschaffung.

Systemkritik

Theorie und Praxis sind zwei verschiedene Paar Schuhe. Die Entwicklung des Max Otte Vermögensbildungsfonds AMI P lässt im Moment noch zu wünschen übrig. Er bleibt deutlich hinter der Konkurrenz zurück und weit hinter dem Vergleichsindex, wie ein Blick auf die Website der Ratinggesellschaft Morningstar (*www.morningstar.de*) verrät. Viel besser sieht es auch nicht beim PI Global Value Fund EUR P aus, der fünf Jahre früher startete. Auch er kann nicht mit Vergleichsindex und Konkurrenzprodukten mithalten. In den vergangenen fünf Jahren rentierte der Fonds lediglich mit rund 3,3 Prozent pro Jahr (Stand: 29.2.2016). Zu Ottes Verteidigung lässt sich vorbringen, dass es Value-Investing zuletzt schwer hatte und man naturgemäß einen längeren Atem braucht. Von der Zeitschrift *Börse Online* wurde Otte dreimal der Titel „Börsianer des Jahres" verliehen (2009 bis 2011).

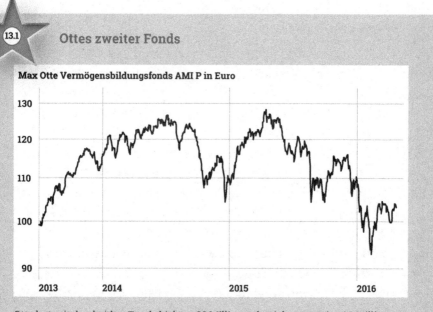

13.1 Ottes zweiter Fonds

Max Otte Vermögensbildungsfonds AMI P in Euro

Otte hat mit den beiden Fonds bislang 60 Millionen beziehungsweise 80 Millionen Euro eingesammelt. Deren Kursverläufe könnten aber besser sein. Quelle: boersianer.info

Das Erfolgsrezept

Ein Aktienkurs von beispielsweise vier Euro macht eine Aktie noch nicht zu einem Pennystock, sie kommt diesem aber ziemlich nahe, wenn es nach Otte geht. Er rät dazu, von Aktien die Finger zu lassen, deren Kurs unter fünf Euro liegt, denn dies könnte ein Zeichen von Schwäche sein. Auch darf der Markt nicht zu eng sein, deshalb sollte das Unternehmen einen Börsenwert von mindestens einer Milliarde Euro besitzen. So weit die Größenordnung. Otte geht es um eine Top-Marke, ein starkes Unternehmen, im Idealfall mit Quasimonopol, hohes Wachstumspotenzial und hohe Margen sowie am besten um ein geringwertiges Konsumgut, welches die Verbraucher jederzeit nachfragen (zum Beispiel Coca-Cola). Im Folgenden meine Interpretation von Ottes Anlagestil.

Ottes Rezept für Königsaktien

Nr.	Kriterium	Bedingung
1	Marke, Marktführer und starkes Unternehmen	ideal Top 20
2	Marktkapitalisierung	> 1 Mrd. €
3	Aktienkurs	> 5,00 €
4	KGV	≤ KGV (Durchschnitt 10 J.)
5	KBV	< 2 (ideal < 1)
6	EPS-Wachstum	> 5 % (ideal > 15 %)
7	Bruttomarge	> 15 % (ideal > 40 %)
8	Nettomarge	> 10 % (ideal > 20 %)
9	Einbehaltene Gewinne	> 25 % (ideal > 50 %)
10	Gewinnrendite	> 7 % (ideal > 15 %)
11	Cashflowmarge (Cashflow* / Umsatz x 100 %)	> 10 % (ideal > 20 %)
12	Sachinvestitionsquote (Sachinvestitionen / Cashflow* x 100 %)	< 60 % (ideal < 30 %)
13	Eigenkapitalquote	> 30 %
14	Eigenkapitalrendite	> 10 % (ideal > 30 %)

*operativer Cashflow; KGV: Kurs-Gewinn-Verhältnis; KBV: Kurs-Buchwert-Verhältnis; EPS: Gewinn je Aktie

Quellen

- Hankes Börsen-Bibliothek: Der DAX müsste eigentlich bei 7.200 Punkten stehen, blog.boersianer.info/der-dax-muesste-eigentlich-bei-7200-punkten-stehen/

- Hanke, Ulrich W. (Interview): Herr Otte, ist jetzt eine gute Zeit ein- oder lieber auszusteigen?, boersianer.info #38, 29.8.2015

- max-otte.de/lebenslauf

- maxotte.de

- Otte, Max: Der Crash kommt, Ullstein, 2009

- Otte, Max: Die Krise hält sich nicht an Regeln, Econ, 2010

- Otte, Max: Endlich mit Aktien Geld verdienen, FBV, 2012

- Otte, Max: Investieren statt sparen, Ullstein, 2011

- Otte, Max: Sehr geehrte Privatanleger!, FBV, 2013

UWE LANG

14

» Die heute in der breiten Öffentlichkeit als spekulatives Produkt angesehene Anlageform Aktie ist bei genauer, nüchterner Betrachtung und Analyse das Finanzprodukt der Wahl.«

Uwe Lang, 2014

Uwe Lang

Der Trendfolger

Für wen eignet sich die Strategie?

▶ **Anlegertyp:** Fortgeschrittene, risikoreich

▶ **Anlageart:** substanzorientiert, trendfolgend, quantitativ

▶ **Anlagehorizont:** mittelfristig, 6 bis 18 Monate

▶ **Aufwand:** mittel, 2 bis 4 Stunden pro Woche

Uwe Lang

Der Börsenstar

Uwe Lang ist als „Börsenpfarrer" bekannt geworden und hat bisher zehn Bücher zum Thema Geldanlage geschrieben. Er kombiniert Value-Investing mit Trendfolge.

Im August 1987 warnte Uwe Lang in seinem Börsenbrief vor einem Crash, der sich schließlich am 19. Oktober einstellte und als Schwarzer Montag in die Geschichte einging (siehe auch Martin Zweig, Kapitel 10). Es war der erste Börsenkrach nach dem Zweiten Weltkrieg. Der US-Leitindex Dow Jones fiel an jenem Montag um 22,6 Prozent und zog das deutsche Aktienbarometer DAX 9,4 Prozent mit nach unten. Die Vorhersage in seinem Rundbrief, den zu dieser Zeit gerade einmal 30 Empfänger erhielten, und die Erwähnung im *Spiegel* bescherten dem 1943 in Augsburg geborenen Lang eine gewisse Berühmtheit über die bayerischen Landesgrenzen hinaus. Die Medien verliehen dem nebenberuflichen Finanzexperten und hauptberuflichen evangelischen Pfarrer schnell den Spitznamen „Börsenprediger".

Dank der gesteigerten Aufmerksamkeit verkaufte sich sein erstes Buch mit dem Titel „Der Aktien-Berater" bestens und erlebte insgesamt 14 Auflagen. Mittlerweile hat der Börsenpfarrer zehn Bücher verfasst (aktuelles Werk: „Die Sparerfibel", 2014). Er schreibe stets ein weiteres Buch, wenn er etwas Neues herausgefunden und sein System verändert habe, verriet er mir in einem persönlichen Gespräch. Er ist ein Autodidakt und testet Strategien mit Excel-Tabellen auf dem PC im heimischen Keller.

In seiner Freizeit spielt der Theologe gerne Schach. Er vergleicht das Brettspiel mit der Börse: Bei beidem brauche man eine Strategie, um erfolgreich zu sein und Unwägbarkeiten in den Griff zu bekommen. Mitte der 1970er-Jahre war Lang sogar Augsburger und Schwäbischer Vizemeister im Schach.

1992, im Alter von 49 Jahren, trug der Börsenpfarrer seinem Erfolg schließlich Rechnung und schied aus dem aktiven Kirchendienst aus, um sich ganz seinem Börsenbrief mit dem Namen „Börsensignale" zu widmen. Ethische Geldanlage ist ihm – anders, als vielleicht zu vermuten wäre – trotz des religiösen Hintergrunds völlig fremd: „Wer ein reines Gewissen haben will, sollte lieber als Konsument Unternehmen boykottieren, indem er deren Produkte nicht kauft. Wen diese Unternehmen als Aktionär haben oder nicht, interessiert sie doch wenig", erklärte er mir in einem Interview.

Langs Ansicht nach sind ausschließlich Aktien und Anleihen für die Geldanlage geeignet. Bei Investmentfonds seien die Gebühren zu hoch. Zertifikate mit Emittentenrisiko sollten Privatanleger in der Regel meiden: „Nachdem die Anleger das Absahnen der Fonds allmählich durchschauen, werben die Banken jetzt stärker mit Zertifikaten. Mit diesen verdienen sie sich ebenfalls eine goldene Nase", schrieb Lang kurz vor der Lehman-Pleite 2007.

Einen Teil seines Erfolges verdankt er dem Vertrauen, welches man einem Mann Gottes entgegenbringt, und sicher auch seiner bodenständigen Art. In Adelsried bei Augsburg veranstaltet er regelmäßig Seminare und macht dabei kein Geheimnis aus seiner Strategie, die sich stark an den Erkenntnissen von James O'Shaughnessy (siehe Kapitel 9) und Robert Levy orientiert.

Die Methode

Lang kombiniert Value-Investing mit Trendfolge. Zunächst verschafft er sich jedoch ein Bild von der Lage an den Finanzmärkten, um festzustellen, ob überhaupt gerade die richtige Zeit zum Investieren ist. Seine

Börsensignale dienen als eine Art Timing-Instrument. Natürlich weiß auch Lang, dass es kein perfektes Timing für den Ein- oder Ausstieg bei Aktien gibt. Es geht vielmehr darum, sich ihm zu nähern und nicht völlig falschzuliegen. Dafür betrachtet der Börsenpfarrer heute drei Punkte: Indextrends, die Zinsstrukturkurve und fünf weitere Indikatoren, die er zusammengefasst hat. Die Mehrheit der drei entscheidet über ein generelles Kauf- oder Verkaufssignal.

Mittlerweile veröffentlicht Lang diese Börsensignale nicht nur in seinem kostenpflichtigen Börsenbrief, sondern auch in mehreren Zeitungen und Zeitschriften wie etwa meinem digitalen Anlegermagazin *boersianer.info*.

Werkzeug Nummer 1, der Indikator Indextrend, dreht nur, wenn alle drei betrachteten Aktienindizes gedreht haben. Lang verfolgt DAX, Dow Utility (Versorger-Aktien) und Nasdaq Composite (Technologie-Werte). Sie sind für die weltweite Lage so etwas wie Frühindikatoren. Ein Kaufsignal gibt es, wenn der DAX mindestens auf 2-Wochen-Hoch liegt, der Dow Utility auf einem 9-Wochen-Hoch und der Nasdaq auf einem 25-Wochen-Hoch. Umgekehrt kommt es zu einem Verkaufssignal bei einem 6-Wochen-Tief von DAX und Dow Utility sowie einem 26-Wochen-Tief beim Nasdaq. Dafür zieht der Börsenprediger jeweils Schlusskurse vom Freitag heran. Lang: „Man sollte auf keinen Fall täglich Börsenkurse studieren. Das ist das Schlimmste, was man machen kann."

Werkzeug Nummer 2, die Zinsstruktur-Methode, misst den Abstand zwischen langfristigen Anleihezinsen und kurzfristigen Geldmarktzinsen. Liegt der Indikator im Minus, dann droht eine Rezession. So war es zur Zeit der Finanzkrise gewesen und erst danach hat Lang diese Methode seinem Indikatoren-Set hinzugefügt. Lang misst dafür den Zinsabstand zwischen zehnjährigen US-Anleihen sowie deutscher Umlaufrendite und 12-Monats-Zinsen am Geldmarkt.

Bleiben noch die übrigen fünf Indikatoren, Werkzeug Nummer 3, deren Mehrheit entscheidet: Zinsen, Dollar/Euro-Wechselkurs, Rohstoffpreise, Ölpreis, Saisonalität. Sie sind bis zur Finanzkrise, die auch der Börsenpfarrer und 1987er-Crashprophet nicht vorhergesehen hatte, sein ursprüngliches System gewesen. Niedrige Zinsen, ein niedriger Ölpreis und niedrige Rohstoffpreise sowie ein gegenüber dem Dollar schwacher

Euro sind gut für die Wirtschaft und somit gut für die Aktienmärkte. Im Sommer gibt es zudem ein Loch – vom letzten Freitag im Mai an gilt ein Verkaufssignal, das erst wieder am letzten Freitag im September ins Plus dreht (Stichwort: „Sell in May and go away") und dann wieder bis Mai auf „Kaufen" steht. Kaufsignale sind ferner: Die Zinsen müssen ein 39-Wochen-Tief markieren, der Ölpreis muss auf einem 5-Wochen-Tief, der Rohstoffindex CRB muss unter dem Vorjahresstand oder der Anstieg muss geringer als der Anstieg in den zwölf Monaten zuvor sein und der Dollar muss gegenüber dem Euro auf einem 15-Wochen-Hoch notieren.

Erst wenn diese Börsensignale grünes Licht für steigende Aktienkurse geben, rät Lang auch zum Kauf von Aktien. Diese wählt er recht simpel aus. Lang erklärte dem Magazin *Smart Investor*, eine halbe Stunde am Wochenende sollte für die Umsetzung seiner Methoden genügen.

Gut laufende und günstige Aktien – ähnlich, wie es James O'Shaughnessy in seinem Buch „Die besten Anlagestrategien aller Zeiten" vorschlägt, sucht Lang Aktien heraus, die sich im Aufwärtstrend befinden und dennoch fundamental günstig bewertet sind. Der Idee dahinter: Aktien setzen ihren Aufwärtstrend oft fort, getreu dem Motto: „The trend is your friend." Lang misst dieses Momentum anhand der Relativen Stärke nach Levy (RSL). Dabei vergleicht er den aktuellen Aktienkurs mit dem Durchschnittskurs der Aktie der vergangenen 15 Monate. Ein Wert von beispielsweise 110 würde bedeuten, dass die Aktie zehn Prozent über ihrem Durchschnittskurs notiert. Ein sehr guter Wert liegt bei über 120 oder über dem Branchendurchschnitt.

Lang schwört auf den Zeitraum von 15 Monaten: „Manchen technischen Analysten ist der Zeitrahmen meiner Messung zu hoch. Sie verwenden lieber 3- oder 6-Monats-Vergleiche. Aber das wäre entschieden zu kurz. Wir sollten die Kursbildung schon längere Zeit beobachten und nicht auf zufällige Schwankungen der letzten drei Monate hereinfallen."

Hat eine Aktie Relative Stärke, befindet sie sich also im Aufwärtstrend, muss sie dazu noch attraktiv bewertet sein. So sichert sich der Anleger ab, nicht einfach nur auf den sprichwörtlich fahrenden Zug aufzuspringen. Lang zieht dafür ganze zwei Kennzahlen heran: Das Kurs-Umsatz-Verhältnis (KUV) und das Kurs-Buchwert-Verhältnis (KBV). Vom allseits beliebten Kurs-Gewinn-Verhältnis (KGV) hält Lang dagegen gar nichts, ist das KGV doch bilanztechnisch leicht zu manipulieren. Ein fairer historischer Wert für das KUV liege bei 1,0 bis 1,1, schreibt er in seinem Börsenbrief. An anderer Stelle gibt er wiederum als Obergrenze 1,2 an, in seinem Buch „Die gefährlichsten Börsenfallen" beträgt sie 1,5. „Man muss den Wert 1,2 allerdings je nach Branche flexibel handhaben", heißt es im Buch „Investieren in stürmischen Zeiten", dem meiner Meinung nach besten Lang-Werk.

Bei Pharma-Aktien seien Werte von 2,0 bis 3,0 noch vertretbar, bei Bautiteln und Maschinenbauern eher Werte von 0,2 bis 0,7 üblich. Liegt das KUV aber über 4,0, ist die Aktie definitiv überbewertet – unabhängig davon, welcher Branche sie angehört.

Das Kurs-Buchwert-Verhältnis sollte Lang zufolge nicht größer als 2,0 bis 2,5 sein. Liegt der Wert darüber, heißt das aber nicht per se, dass die Aktie zu teuer ist. Es kann auch sein, dass das Unternehmen traditionell viel Fremdkapital benötigt oder sich völlig neu ausrichtet. Dabei „wird oft sehr viel Eigenkapital verbraucht, und es werden hohe Anfangsverluste gemacht". Zudem kann es auch Turnaround-Situationen geben. „Unternehmen, die erst dabei sind, wieder in die Gewinnzone zu kommen, haben noch ein scheinbar hohes KBV. Das sollte nicht überbewertet werden", gibt er bei *boersianer.info* zu bedenken.

Haben Anleger nun billige und zugleich begehrte Aktien ausgewählt und gekauft, ist es besonders wichtig, die aktuelle Marktlage im Auge zu behalten. Dreht der Markt nämlich und eine Baisse kündigt sich an, sind es die einst starken, beliebten Aktien, die zuerst verkauft werden. Das liegt einfach daran, dass diese eine hohe Aufmerksamkeit erfahren und bei ihnen zuerst Gewinne mitgenommen werden. Deshalb ist die Vorgehensweise nichts für risikoscheue Anfänger.

Die Strategie legt auch den Verkauf aller Aktien nahe, wenn es die Marktlage erfordert. Andererseits setzt Uwe Lang nicht auf fallende Kurse, obwohl er in einem Interview zu bedenken gibt: „Eine fallende Aktie wird mit einer Wahrscheinlichkeit von 90 Prozent weiter fallen." Zu schlechte Erfahrungen habe er mit dem Leerverkaufen gemacht, erklärt er. Seinen Anhängern ist ohnehin das Long-only-Investment – die Geldanlage ohne Short-Positionen, also ohne Leerverkäufe – leichter näherzubringen.

Zusätzliche Hilfsmittel und wovon Lang nichts hält

Gerne zieht Uwe Lang auch noch langfristige Durchschnittswerte etwa für den DAX heran, um zu beurteilen, ob der Zeitpunkt für den Einstieg in Aktien günstig ist. In seinem Börsenbrief veröffentlichte er zudem eine interessante Grafik: Lang beobachtete 34 Aktienindizes, die er allesamt gleichgewichtete. Mit einem Chart verdeutlichte er, ob sich die Mehrheit der Indizes oberhalb ihres 200-Tage-Durchschnitts befand oder nicht. Das lässt Rückschlüsse darauf zu, ob es weltweit eine Übertreibung gibt oder nicht.

14.1   **200-Tage-Durchschnitt als Indikator**

Anzahl der **34** Indizes über ihrem **200-Tage-Durchschnitt (in %)**

Liegen alle 34 Aktienindizes über ihrem 200-Tage-Durchschnitt, zeigt die Grafik 100 Prozent an, 0 Prozent, wenn keiner der Indizes über dem 200-Tage-Mittel liegt.

Stand: 13.2.2016; Quelle: Börsensignale

Da sein System vor allem auf mittelfristigen Zeiträumen beruht, setzt er auch noch eine kurzfristige Methode ein. Bei der 6-Wochen-Indizes-Methode achtet Lang auf die 30 wichtigsten Aktienindizes der Welt. Melden diese mehrheitlich ein Hoch, ist dies ein Kaufsignal, ein Tief ist ein Verkaufssignal. Als ebenso hilfreich hat er eine 9-Monats-Hoch-Tief-Methode identifiziert.

Von reiner Charttechnik ist Lang dagegen ebenso wenig überzeugt wie von Sentiment-Umfragen als (Kontra-) Indikatoren oder auch der Dividendenstrategie. Beeinflusst von der Finanzkrise 2008 kommt er in „Investieren in stürmischen Zeiten" zu dem Schluss: „Die Ergebnisse auf Basis der Dividendenmethode sind derart miserabel, dass ich nur davon abraten kann, die Methode anzuwenden." Diese Meinung dürfte er heute sicher revidieren, war die Dividendenstrategie doch zuletzt sehr erfolgreich. Auch von einer Growth-Strategie, bei der Anleger auf Wachstumswerte setzen, hält Lang wenig. „Wo großes Wachstum herrscht, kommt ganz schnell die Konkurrenz. Großes Wachstum hält nicht lange an."

Lang gibt die folgende Checkliste an die Hand:

1. Ist der DAX in einem Jahr bis Ende Oktober um 30 Prozent gefallen, kaufe Aktien.

2. Kaufe weder Aktienfonds noch Zertifikate.

3. Aktienkäufe lohnen sich nur, wenn du insgesamt mindestens 6.000 Euro anlegst.

4. Kaufe nur Aktien, wenn du das Geld in den nächsten drei Jahren nicht brauchst.

5. Kaufe Aktien mit niedriger Bewertung und Relativer Stärke.

6. Ist der DAX schon drei bis vier Jahre lang gestiegen, verkaufe.

7. Treibt die Zentralbank ihre Leitzinsen schon seit zwölf Monaten nach oben, verkaufe.

8. Liest du in der Zeitung von Rekordgewinnen und Übernahmen, verkaufe.

9. Höre nicht auf Berater, auch nicht von deiner Bank.

10. Bedenke, dass die Mehrheitsmeinung bekannt und daher schon von gestern ist.

Die Systemkritik

Natürlich ist keine Anlagestrategie perfekt und kann auch nicht der Heilige Gral sein. Auch Uwe Langs Methoden haben ihre Schwächen. Die Börsensignale des Pfarrers haben die Finanzkrise 2008 nicht kommen sehen. Sie sind auch nicht in Stein gemeißelt. Bei den fünf übrigen Indikatoren betrachtet Lang sowohl den Ölpreis als auch den Thomson Reuters/Jefferies CRB-Index, dessen größten Anteil von 23 Prozent allein der Erdölpreis ausmacht. Ein Stück weit überschneiden sich die zwei Signale also.

Gravierender ist jedoch die Tatsache, dass Lang nur auf die Kennzahlen KUV und KBV schaut. Damit vernachlässigt er die monetäre Seite. Besser wäre noch ein Blick auf das Kurs-Cashflow-Verhältnis, so wie ich es bei *boersianer.info* praktiziere. (Das extrem erfolgreiche *boersianer.info*-Momentum-Musterdepot verdeutlicht das eindrucksvoll.) Im Gespräch mit mir gab Lang zu: „Ich habe lange Zeit das KUV zu statisch angewandt und nur Aktien ausgewählt, die ein KUV von 1,2 nicht überschreiten. Bei manchen Branchen sind aber einfach höhere KUV-Durchschnitte üblich. Das berücksichtigen wir künftig sehr viel mehr." Ferner muss man zum KUV wissen, dass es eine Kennzahl ist, die zu Zeiten des Neuen Marktes Hochkonjunktur hatte, also zu einer Zeit, als viele Unternehmen keine Gewinne erzielten und stattdessen nach Umsatz beurteilt wurden. Heute ist die Kennzahl problematisch insbesondere bei Einzelhändlern, bei denen der Umsatz traditionell hoch und damit der Quotient entsprechend gering ist. Für Finanztitel kommt das KUV gar nicht als Maßstab infrage. Das beschränkt die Auswahl dann auf eine einzige Kennzahl, nämlich das KBV.

Umstritten ist auch der Zeitraum für die Messung der Relativen Stärke. O'Shaughnessy hat die besten Resultate mit 26-Wochen-Durchschnittskursen (sechs Monate) gemacht. Insbesondere in der Post-Finanzkrisen-Zeit lieferten 15-Monats-Werte, wie sie Lang benutzt, oft Fehlsignale.

Zu guter Letzt spricht sich Uwe Lang einerseits gegen Fonds aus, weil diese hohe Gebühren erheben, andererseits hat er selbst einen Fonds (ISIN der Euro-Tranche: LU0288759672; ISIN der Franken-Tranche: LU0288760092) zu üblichen Konditionen aufgelegt (Gesamtkostenquote von 2,0 Prozent). Dieser startete zu einem denkbar ungünstigen Zeitpunkt: Ende April 2007, kurz vor der Finanzkrise 2008. So rangiert der Fonds heute noch deutlich hinter der Konkurrenz und konnte bislang auch nicht seinen Vergleichsindex schlagen.

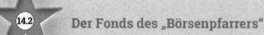

14.2 Der Fonds des „Börsenpfarrers"

BS Best Strategy UL-Trend & Value in Euro

Ein Fondsanteil ist heute weniger wert als zum Start.

Quelle: boersianer.info

Zur Verteidigung der Fondsmanager im Allgemeinen merkt Lang an: „Man muss natürlich sagen, dass es die Finanzstrategen, die zum Beispiel Fonds verwalten, auch schwerer haben als ich. Die müssen immer dann handeln, wenn entweder zusätzliches Anlagekapital vorhanden ist oder abgezogen wird. Ein Anlagestratege möchte eigentlich gerne kaufen, wenn die Kurse unten sind, aber genau dann bekommt er kein Geld vom Publikum." Diesen und anderen Regularien ist Lang als Fondsmanager natürlich auch unterworfen.

Das Erfolgsrezept

Für den Kauf einer Aktie muss zunächst das Umfeld sprechen. Erst wenn die Börsensignale mehrheitlich grünes Licht geben, sucht Lang nach Aktien mit Relativer Stärke (Momentum) und filtert aus einer Liste starker Aktien jene heraus, die gleichzeitig fundamental günstig bewertet sind (gemessen am KUV und KBV, siehe Tabelle).

Langs Erfolgsrezept

Nr.	Kriterium	Bedingung
Börsensignale (Mehrheitlich positiv für Aktien = Kaufen; Mehrheitlich negativ für Aktien = [Komplett] Verkaufen)		
1	Indextrend	DAX (positiv: 2-Wo.-H./negativ: 6-Wo.-T.), Dow Utility (9-Wo.-H./6-Wo.-T.), Nasdaq Composite (25-Wo.-H./26-Wo.-T.)
2	Zinsstrukturkurve	Auf 22 Wochen geglätteter Durchschnitt des Abstands von US-Anleihezinsen > Deutsche Umlaufrendite und Geldmarktzinsen = positiv (umgekehrt negativ)
3	Weitere Indikatoren	Zinsen (39-Wo.-H./39-Wo.-T.), Dollar/Euro-Wechselkurs (15-Wo.-T./15-Wo.-H.), Rohstoffpreise (CRB-Index > Vorjahreswert), Ölpreis (5-Wo.-T./6-Wo.-H.), Saisonalität (letzter Freitag im Mai – letzter Freitag im September)
Trendfolge		
4	Relative Stärke (nach Levy)	RSL (aktueller Kurs geteilt durch 15-Monats-Kursdurchschnitt der Aktie x 100) > 120 oder > Branchendurchschnitt = Kaufen
Fundamentale Bewertung		
5	Marktkapitalisierung	> 500 Mio. € oder täglicher Börsenumsatz > 100.000 €
6	KUV	< 1,2 oder < Branchendurchschnitt (Fairer historischer Wert des KUV: 1,0 bis 1,1; KUV > 4,0 = Verkaufen, nicht kaufen)
7	KBV	< 2,0 oder < Branchendurchschnitt

Quellen

- boersianer.info, Ausgabe #37, 15.8.2015

- boersianer.info/news/ansichten/boersenampel/

- Hanke, Ulrich W.: Lieber Konsumprodukte als Aktien meiden, WirtschaftsWoche, 6.4.2012, wiwo.de/finanzen/boerse/ ethische-geldanlage-lieber-konsumprodukte-als-aktien-meiden/6478546.html

- Lang, Uwe: Der neue Aktien-Berater, Campus, 2003

- Lang, Uwe: Die besten Aktienstrategien, FBV, 2005

- Lang, Uwe: Die gefährlichsten Börsenfallen, Campus, 2007

- Lang, Uwe: Investieren in stürmischen Zeiten, Campus, 2009

- Lang, Uwe/Haidorfer, Klaus/Blaschke, Martin: Die Sparerfibel, FBV, 2014

- Schweizer Anlegermagazin Stocks, Nr. 15/16, 22.7.2005

- Schweizer Anlegermagazin Stocks, Nr. 18, 25.8.2006

- Smart Investor, 8/2005

- Spiegel, 29.2.1988, spiegel.de/spiegel/print/d-13529558.html

- thomsonreuters.com/en/products-services/financial/commodities .html

SUSAN LEVERMANN

15

Susan Levermann

Die Punkteverteilerin

Für wen eignet sich die Strategie?

▶ **Anlegertyp:** Anfänger/Fortgeschrittene, risikobewusst
▶ **Anlageart:** substanzorientiert, trendfolgend, quantitativ, europäische Aktien
▶ **Anlagehorizont:** sehr langfristig, 36 bis 60 Monate
▶ **Aufwand:** gering, 2 Stunden pro Woche

SUSAN LEVERMANN
15

Susan Levermann

Der Börsenstar

Susan Levermann lieferte den Medien eine Aussteigerstory wie aus dem Bilderbuch. Sie könnte verfilmt werden. Auch ich schrieb einmal über ihr quantitatives Anlagesystem und konnte nicht umhin, in einigen wenigen Sätzen auch die Lebensgeschichte der einstigen gefeierten Fondsmanagerin zu erzählen. Levermann wuchs als Susan Dreyer in der DDR in Cottbus auf. Ihr Vater war Professor für Bauphysik, ihre Mutter Mathematiklehrerin. Als die Wende kam, war Levermann 15 Jahre alt. Ihr Abitur machte sie auf einem Spezialgymnasium für mathematisch Begabte in Rostock. „In der zehnten Klasse habe ich es sogar bis zur DDR-Olympiade geschafft – da wurde ich aber Vorletzte", gab Mathe-Ass Levermann in einem Interview in der *TAZ* zu Protokoll. Für das junge Mädchen eine Niederlage, die sie gewurmt haben muss. Denn die Beste zu sein war immer ihr Lebensmotto. Statt Mathematik studierte sie deshalb auch lieber Betriebswirtschaftslehre. „Aber das hat mich nicht ausgefüllt und ich habe zur Volkswirtschaftslehre gewechselt. Dieser Blick von oben hat mich noch mehr interessiert."

Die Auswüchse am Neuen Markt und das Platzen der Dotcom-Blase zur Jahrtausendwende führten die Studentin Levermann schließlich zur Finanzbranche. Sie begann nämlich, wie viele andere auch, zu spekulieren und erzielte schnell die ersten Gewinne, ohne eigentlich zu wissen, was sie tat. Fehler waren programmiert. Levermann: „Ich habe die Verliereraktien zu lange behalten und die Gewinneraktien verkauft. Außerdem hatte ich zu wenig auf die Qualität und die operativen Daten der Unternehmen geachtet, deren Papiere ich kaufte."

Dann waren 6.000 DM, das ganze Startkapital, verzockt – als Studentin viel Geld. „Das hat mich gefuchst", sagt Levermann. Sie wollte verstehen, wie man an der Börse erfolgreich agiert, und bewarb sich nach einer Banklehre und ihrem Studienabschluss bei der DWS, der Fondsgesellschaft der Deutschen Bank, als Junior-Fondsmanagerin. Da war sie 26 Jahre alt. Zu Beginn ihrer Karriere im Fondsmanagement gelang es Levermann nicht einmal, die Wertentwicklung des Vergleichsindex zu erzielen. Sie gehörte zu den schlechtesten DWS-Fondsmanagern – eine Katastrophe und zugleich eine wichtige Lektion. „Ohne diese Niederlage hätte ich nie mein eigenes Computerprogramm geschrieben und meine Checklisten aufgestellt", ist Levermann überzeugt. Es sind jene quantitativen Kriterien, die ihr 2008 einen Preis als beste Aktienfondsmanagerin einbrachten.

Kaum hatte sie diesen Preis verliehen bekommen, kündigte sie nur einen Tag später ihren Job. Damit hatte sie schon ein Jahr lang geliebäugelt. Der Grund: eine Sinnkrise. „Je erfolgreicher ich geworden war, je leichter es mir fiel, dank meines Modells Aktien in Sekundenschnelle zu bewerten, zu kaufen oder zu verkaufen, desto trauriger und unzufriedener war ich geworden." Im Gespräch mit ihr hatte ich den Eindruck, dass Levermann nach acht Jahren bei der DWS auch genügend Sicherheit, sprich Geld zur Seite gelegt, hatte, um sich zu trauen, auszusteigen.

Sie verliebte sich in die deutsche Hauptstadt Berlin und zog von Frankfurt am Main an die Spree. Dort unterrichtete sie an einer Gesamtschule im Ostteil der Stadt Acht- und Neuntklässler in Mathematik – dank Lehrermangel ganz ohne pädagogische Ausbildung, als Aushilfslehrerin. In ihrem Buch, welches 2009 entstand, bezeichnet sie ihr Lehrerdasein noch als eine Station, in der sie sich pudelwohl fühlte. Am Ende machte sie die Stelle aber offenbar nicht glücklicher. Sie lernte nach der Finanzbranche mit ihren Boni – in ihren Augen die Gewinnerseite – nun die Verlierer kennen, Schüler, die als Berufsziel Hartz IV angeben. Ein weiteres lehrreiches Kapitel für Levermann, wie mir scheint.

Die einstige Fondsmanagerin schrieb Gedichte, einen unveröffent-
lichten Roman von mehr als 500 Seiten und schließlich besagtes Buch
mit dem Titel „Der entspannte Weg zum Reichtum" (2010). Für Levermann
war es ein Abschluss mit dem Kapitel Geldanlage, kein Neuanfang. Für
das Werk erhielt sie 2011 einen Buchpreis. Sie war wieder auf der Gewinnerseite. Plötzlich interessierten sich die Medien für sie. Und so
wurde sie 2011 Chefin der Nichtregierungsorganisation Carbon Disclosure Project (CDP) für den deutschsprachigen Raum. Die Organisation
sammelt Daten zu den Themen Umwelt, Ethik, Nachhaltigkeit – für Investoren, die mit gutem Gewissen in Aktien investieren wollen. Und – ein
angenehmer Nebeneffekt – diese grünen und guten Aktien entwickeln
sich oft besser als der Gesamtmarkt. Da war sie wieder, die Finanzbranche. Aus dem Ausstieg war ein Umstieg geworden.

Levermann arbeitet jetzt sogar mehr als früher – und das für weniger
Geld. Als sie noch bei der DWS beschäftigt war, reichten ihr zwei Stunden
am Tag, um ihr System auf den neuesten Stand zu bringen. Den Rest
des Arbeitstages musste sie irgendwie totschlagen. Damals sei sie sehr
effizient und egoistisch gewesen. „Wenn sie früher berechnend war, ist
sie jetzt mitreißend", kommentiert das Nachrichtenmagazin *Spiegel*. Ein
eigenes Auto braucht sie in Berlin nicht mehr und auch Fleisch steht
selten bis gar nicht mehr auf ihrer Speisekarte. „Ich lebe vielleicht nicht
leichter, aber freier", sagt die Finanzfrau. Kein Wunder, dass die Medien
diese Geschichte gerne erzählen. Schließlich hat sich die Fondsmanagerin – in den Augen von Medien wie *TAZ* und *Spiegel* wohl eine Kapita-
listin par excellence – zu einer Art Umweltaktivistin und Vegetarierin
ohne Auto gewandelt. Das ist für meinen Geschmack ein bisschen viel
Klischee. Fakt ist: Levermann ist nicht nur die einzige Aus- oder Umstei-
gerin unter allen 15 hier vorgestellten Börsenstars, sie ist auch die
einzige Frau.

Susan Levermann, die wieder ihren Mädchennamen angenommen
hat, blieb sich und der Finanzbranche dann aber doch treu. Die Um-
weltdaten der Non-Profit-Organisation CDP werden seit 2013 auf der
Homepage der Frankfurter Börse neben den üblichen Kennziffern der
Aktien aufgelistet. Wenn das kein Erfolg für die alte und neue Susan
Levermann ist!

Die Methode

Susan Levermann hat ein Auswahlverfahren mit 13 Kriterien zusammengestellt. Für jede Kennzahl gibt es einen Pluspunkt, einen Minuspunkt oder null Punkte. Zu einer Kaufempfehlung kommt es bei großen Unternehmen ab vier Punkten, bei mittelgroßen und Nebenwerten sind sieben Punkte nötig. Für die kleinen Titel und für Finanzwerte gelten leicht abgeänderte Kriterien. Es geht um klassische Kennzahlen wie die Eigenkapitalquote und die Eigenkapitalrendite, die Gewinnmarge und das Kurs-Gewinn-Verhältnis (KGV) oder auch Analystenmeinungen, Reaktionen auf Quartalszahlen sowie um den Trend des Aktienkurses (siehe Erfolgsrezept). Während man bei anderen Börsenstars die Kriterien mühsam zusammentragen muss, liefert Levermann bereits eine fertige Checkliste. Dabei sollen Anleger die Kriterien abarbeiten und im Anschluss quantitativ, also statisch, in die danach ausgewählten Titel investieren.

Den Altman-Z-Score sucht man in der Checkliste vergeblich, obwohl ihn die Fondsmanagerin zu ihrer aktiven Zeit verwendet hat. Das Z-Faktor-Modell des New Yorker Finanzprofessors Edwards I. Altman ist ein Insolvenzprognoseverfahren mit mehreren Variablen. Es drückt die Qualität der Bilanz eines Unternehmens in einer einzigen Zahl aus. Da es aber keine frei zugänglichen Daten dazu gibt, verzichtet Levermann bei der Version ihres Systems für Privatanleger auf diese Kennzahl. Ich erspare Ihnen hier die genaue Formel, bei der Werte von über 1,8 als gut gelten. Für gewöhnlich halte ich Wikipedia für keine verlässliche Quelle, aber wer es in diesem Fall genau wissen will, findet die Formel dort (*http:// de.wikipedia.org/wiki/Altmanscher_Z-Faktor*).

Ganz generell gibt Levermann zu bedenken, dass Prognosen über zukünftige Unternehmensgewinne oder Aktienkurse unmöglich sind. Da wir Menschen zudem Verluste anders wahrnehmen als Gewinne, wir uns überschätzen und andere menschliche Fehler begehen, sollten wir nach festen Regeln investieren. Auch stets voll investiert zu sein hält Levermann für richtig. Einstandskurse sollten Anleger aus ihren Dateien und ihrem Gedächtnis löschen. Das meint sie hoffentlich nicht wörtlich, denn zur Überprüfung der Performance sind diese Daten natürlich nötig. Es geht vielmehr darum, sich gedanklich vom Einstandskurs zu lösen, um nicht später falsche Entscheidungen zu treffen.

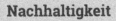

Nachhaltigkeit

Vor mittlerweile mehr als 300 Jahren, 1713, prägte der sächsische Oberberghauptmann Hans Carl von Carlowitz den Grundsatz, nur so viel Holz zu schlagen, wie verbraucht werden würde. Damals herrschte Holznot. Das Thema Nachhaltigkeit ist also kein neues. Im Gegensatz zur Forstwirtschaft ist es in der Finanzbranche dagegen noch ein junges Thema – und ein Nischenthema. Es geht aber nicht nur um die Wünsche der Kunden der Investmentgesellschaften, zum Beispiel Kirchen und Pensionsfonds, die ethische, ökologische und sozial vertretbare Geldanlagen suchen, ein Nachhaltigkeitsfilter rechnet sich auch. Das haben mehrere Studien belegt. Man kann sich dies anhand eines Eisbergs verdeutlichen. Anleger, die auf die harten Fakten achten, also ausschließlich auf Finanzinformationen, kennen nur den Teil des Eisbergs, der über dem Wasser treibt. Der Teil unter der Wasseroberfläche, der viel größere, bleibt den Anlegern verborgen, es sei denn, sie betrachten auch weiche Faktoren wie eben Nachhaltigkeitsrankings. Ein anderer Erklärungsversuch: Wer bei Ressourcen wie Papier und Strom spart, spart ganz nebenbei auch Kosten. Das dürfte sich dann langfristig auf die Aktienkurse auswirken.

Nachhaltigkeit bedeutet für jeden Anleger etwas anderes. So tauchen in einigen Rankings auch Waffenhersteller, Autobauer oder Mineralölgesellschaften auf. Es geht darum, wie transparent diese Unternehmen agieren, welche Schutzmaßnahmen sie ergreifen und nicht unbedingt um die Produkte, die sie herstellen, Ansichtssache eben. Nachhaltigkeit lässt sich in die drei Kategorien ökologisch, sozial und gesellschaftlich einteilen. Neudeutsch heißt das dann: Environment Social Governance, kurz ESG.

Fondsmanager suchen oft den Klassenbesten einer Branche aus solchen Rankings heraus. Best-in-class heißt dieser Ansatz. Das kann konkret so aussehen, dass einfach die Fluggesellschaft gewählt wird, die die beste Note hat, wenngleich das Fliegen an sich nicht besonders ökologisch ist. CDP vergibt zwei Noten, die dann kombiniert werden. Disclosure score gibt den Grad der Offenlegung an, Performance band das Erreichen der Maßnahmen. Die Bestnote 100 A beziehungsweise 100 A- erhielten aus dem DAX 2015: BMW, Deutsche Post, E.on, Siemens, BASF, Bayer und Daimler.

15.1 **Öko-Ranking der Unternehmen aus dem DAX**

CDP-Rating: Unternehmen (DAX)	Note (2015 Disclosure score, Performance band)
BMW	100 A
Deutsche Post	100 A
E.On	100 A
Siemens	100 A
BASF	100 A-
Bayer	100 A-
Daimler	100 A-
Deutsche Telekom	99 A-
HeidelbergCement	99 A-
ThyssenKrupp	99 A-
Allianz	100 B
Commerzbank	100 B

Quelle: cdp.net
Münchener Rück, VW, Vonovia: keine Angaben

CDP-Rating: Unternehmen (DAX)	Note (2015 Disclosure score, Performance band)
Deutsche Bank	100 B
Linde	100 B
SAP	99 B
Adidas	94 B
Deutsche Lufthansa	92 B
Henkel	89 B
Merck	98 C
Continental	94 C
RWE	93 C
Fresenius Medical Care	92 C
Deutsche Börse	90 C
Infineon Technologies	90 C
Beiersdorf	86 C
K+S	88 D
Fresenius	26 –
Münchener Rück	–
Volkswagen	–
Vonovia	–

Quelle: cdp.net
Münchener Rück, VW, Vonovia: keine Angaben

Sieben DAX-Konzerne mit der Bestnote 100 A beziehungsweise 100 A-.

Die Systemkritik

In einem Interview mit der *TAZ* antwortete Levermann auf die Frage, wie man ohne Anstrengung reich wird: „Kaufen Sie Aktien und folgen Sie den Regeln in meinem Buch. So können Sie relativ sicher 20 bis 30 Prozent Rendite im Jahr machen." Das ist ein kühnes Versprechen angesichts der Tatsache, dass der DAX seit seiner Geburt 1988 pro Jahr nur um 8,8 Prozent zugelegt hat. Womöglich lässt sich dieses Versprechen auch nicht auf Dauer halten.

Kurzzeitig scheint die Rechnung aufzugehen: Hätten Anleger aus dem DAX nur Aktien mit mindestens vier Punkten nach den Levermann-Kriterien ausgewählt, so hätten sie im Zeitraum von Mai 2011 bis Januar 2013 rund 20 Prozent Rendite eingefahren, während der DAX nur fünf Prozent zulegte. Beim Dow Jones klappte das im selben Zeitraum nicht so gut. Das überrasche sie nicht, erklärte sie mir, „der amerikanische Aktienmarkt tickt tatsächlich anders als der europäische." Und sie habe als Fondsmanagerin nun mal deutsche und europäische Aktien analysiert. Ihr System ist also nur beschränkt einsetzbar.

Das System ist aber nicht nur sehr deutschlandlastig und funktioniert manchmal nicht, es erkennt auch strukturelle Trendänderungen erst sehr spät. Letztlich bedient sich Levermann einer Mischung aus der Zauberformel von Joel Greenblatt und den Erkenntnissen von James O'Shaughnessy.

Das Erfolgsrezept

Levermann gibt nicht nur konkrete Checklisten mit an die Hand, sie bietet auch eine Light-Version an und eine Liste mit den Zeitpunkten, an denen Anleger ihre Entscheidungen überprüfen sollten. Ihrer Meinung nach sollten es mindestens zehn Aktien sein und 2.000 Euro pro Position, also insgesamt 20.000 Euro, die Privatanleger zur Verfügung haben sollten, wenn sie sich ein eigenes Depot zusammenstellen wollen. Andernfalls sei keine ausreichende Risikostreuung gewährleistet und die Gebühren fielen zu stark ins Gewicht.

Entscheidend sind hohe Margen und Kapitalrenditen, wie wir es von Greenblatt kennen. Ein niedriges KGV über ein und über fünf Jahre sorgt dafür, dass Anleger eine günstige Aktie auswählen. Und es geht nach Levermann vor allem darum, gute Aktien zu finden und nicht darum, ob der Aktienmarkt gerade insgesamt attraktiv ist. Da ist die Parallele zum klassischen Value-Investor. Wichtig ist aber auch ein Aufwärtstrend über sechs und zwölf Monate, wie wir es von Trendfolgemodellen kennen. Levermann: „Dabei ist eine Aktie, die über sechs Monate steigt und über zwölf Monate noch fällt oder stagniert, höher zu bewerten als eine Aktie, deren Trend sich in dieser Zeit gerade ins Negative verkehrt, die also über sechs Monate fällt, während über zwölf Monate ein Aufwärtstrend bestand."

Levermanns Checkliste

Nr.	Für Standardwerte (Large Caps)	1 Punkt, wenn …	0 Punkte, wenn …	-1 Punkt, wenn …
1	Eigenkapitalrendite (LJ)	> 20 %	10 % – 20 %	< 10 %
2	Gewinn-Marge (EBIT; LJ)	> 12 %	6 % – 12 %	< 6 %
3	Eigenkapitalquote (LJ)	> 25 %	15 % – 25 %	< 15 %
4	KGV (5 Jahre)	< 12	12 – 16	> 16
5	KGV (aktuell)	< 12	12 – 16	> 16
6	Analystenmeinungen	Verkaufen	Halten	Kaufen
7	Reaktion auf Quartalszahlen	positiv	-1 % – +1 %	negativ
8	Gewinnrevisionen	steigend	-5 % – +5 %	fallend
9	Kurs aktuell gegenüber Kurs vor 6 Monaten	steigend	-5 % – +5 %	fallend
10	Kurs aktuell ggü. Kurs vor 1 Jahr	steigend	-5 % – +5 %	fallend
11	Kursmomentum steigend	Nr. 9: 1 Pkt., Nr. 10: 0 o. -1 Pkt.	ansonsten	Nr. 9: -1 Pkt., Nr. 10: 0 o. 1 Pkt.
12	3-Monats-Reversal	Perf. in jedem Monat < DAX	ansonsten	Perf. in jedem Monat > DAX
13	Gewinnwachstum	EPS AJ < EPS NJ	-5 % – +5 %	EPS AJ > EPS NJ
Kaufempfehlung ab 4 Punkte				

Nr.	Für Finanzwerte	1 Punkt, wenn …	0 Punkte, wenn …	-1 Punkt, wenn …
	…wie Standardwerte (oben) außer:			
2	Gewinnmarge (EBIT; LJ)		generell 0 Punkte	
3	Eigenkapitalquote (LJ)	> 10 %	5 % – 10 %	< 5 %
Kaufempfehlung ab 4 Punkte				

LJ: letztes Geschäftsjahr; KGV: Kurs-Gewinn-Verhältnis; Perf.: Performance; EPS: Gewinn je Aktie; AJ: aktuelles Jahr; NJ: nächstes Jahr

Nr.	Für Nebenwerte (Small & Mid Caps)	1 Punkt, wenn...	0 Punkte, wenn...	-1 Punkt, wenn...
	...wie Standardwerte außer:			
6a	Analystenmeinungen (mehr als 5 Stück)	Verkaufen	Halten	Kaufen
6b	Analystenmeinungen (weniger als 5 Stück)	Kaufen	Halten, keine Empfehlungen	Verkaufen
12	3-Monats-Reversal	generell 0 Punkte		
Kaufempfehlung ab 7 Punkte				

LJ: letztes Geschäftsjahr; KGV: Kurs-Gewinn-Verhältnis; Perf.: Performance; EPS: Gewinn je Aktie; AJ: aktuelles Jahr; NJ: nächstes Jahr.

15.3 Levermanns Light-Version

Nr.	Levermann „light"	1 Punkt, wenn...	0 Punkte, wenn...	-1 Punkt, wenn...
1	Eigenkapitalrendite (LJ)	> 20 %	10 % – 20 %	< 10 %
2	Gewinnmarge (EBIT; LJ)	> 12 %	6 % – 12 %	< 6 %
4	KGV (5 Jahre)	< 12	12 – 16	> 16
7	Reaktion auf Quartalszahlen	positiv	-1 % – +1 %	negativ
9	Kurs aktuell gegenüber Kurs vor 6 Monaten	steigend	-5 % – +5 %	fallend
Kaufempfehlung ab 3 Punkte, Small Caps ab 4 Punkte				

LJ: letztes Geschäftsjahr; KGV: Kurs-Gewinn-Verhältnis.

Überprüfungszeitpunkte der Auswahl

Nr.	Zeitpunkte zum Überprüfen der Daten	Änderung	Überprüfung
1	Eigenkapitalrendite (LJ)	1x p. a.	bei Erscheinen des neuen Jahresabschlusses (im Frühjahr)
2	Gewinnmarge (EBIT; LJ)	1x p. a.	bei Erscheinen des neuen Jahresabschlusses (im Frühjahr)
3	Eigenkapitalquote (LJ)	1x p. a.	bei Erscheinen des neuen Jahresabschlusses (im Frühjahr)
4	KGV (5 Jahre)	täglich	alle 2 Wochen
5	KGV (aktuell)	täglich	alle 2 Wochen
6	Analystenmeinungen	theoretisch täglich	alle 2 Wochen
7	Reaktion auf Quartals- zahlen	1x im Quartal	am Tag der neuen Quartals- zahlen
8	Gewinnrevisionen	theoretisch täglich	monatlich (alle 4 Wochen)
9	Kurs aktuell gegenüber Kurs vor 6 Monaten	täglich	alle 2 Wochen
10	Kurs aktuell gegenüber Kurs vor 1 Jahr	täglich	alle 2 Wochen
11	Kursmomentum steigend	täglich	alle 2 Wochen
12	3-Monats-Reversal	1x im Monat	am 1. Tag des neuen Monats
13	Gewinnwachstum	theoretisch täglich	alle 2 Wochen

LJ: letztes Geschäftsjahr; KGV: Kurs-Gewinn-Verhältnis.

Quellen

- Brzoska, Maike: Susan Levermann: Die Klima-Schützerin, in: Die Geld-Macherinnen, Zeit Online, 18.11.2015

- cdp.net/en-US/Pages/disclosure-analytics.aspx

- Deggerich, Markus: Fondsmanagerin wagt den Absprung: „Was mache ich für eine bessere Welt?", Der Spiegel, 19.2.2013

- Hanke, Ulrich W.: Lasst Zahlen sprechen, Börse Online, 15/2013 (4.4.-11.4.)

- Hanke, Ulrich W.: Rendite ohne Reue, Börse Online, 19/2013 (2.5.-8.5)

- Herrmann, Ulrike/Löwisch, Georg: „Wer zu viel tut, wird niemals reich", TAZ, 10.4.2010

- Kerschner, Svetlana: Ex-DWS-Fondsmanagerin Susan Levermann: „Ein richtiges Maß an Langeweile gehört zum Börsenhandel unbedingt dazu", Das Investment, 24.3.2010

- Levermann, Susan: Der entspannte Weg zum Reichtum, dtv, 2013

Beliebte Kennzahlen und ein Fazit

> » Die ganze Börse hängt nur davon ab, ob es mehr Aktien gibt als Idioten oder mehr Idioten als Aktien.«
>
> André Kostolany, 1990er-Jahre

Wenn man an eine neue Sache herangeht, schaut man sich in der Regel an, wie andere darangegangen sind. Denken Sie beispielsweise an irgendetwas Handwerkliches. Will man erfolgreich sein, wird man sich diejenigen heraussuchen, die bereits erfolgreich sind und die es vielleicht so ähnlich machen, wie wir es tun würden. Ist man dahintergekommen, wird man unter Umständen leichte Abwandlungen vornehmen, seinen eigenen Stil entwickeln. Genau das soll dieses Buch liefern. Ich gebe Ihnen damit einen einzigartigen Überblick über die Erfolgsrezepte der größten Börsenstars der Welt. Sicherlich haben Sie sich bereits einen oder zwei Favoriten herausgesucht, die Sie kopieren wollen. Mich beschäftigt natürlich bei allen Börsenstars auch immer die Frage, ob es Gemeinsamkeiten gibt. Und einige gemeinsame Nenner gibt es in der Tat.

Sie kennen vielleicht den Witz mit der X-Anlagestrategie. Er geht ungefähr so: Würde man einen Computer nach der X-Strategie programmieren, nach der Aktie mit der besten Zukunftsrendite zu suchen, würde er ausgeben: „Investieren Sie in alle Aktien, deren Name mit X beginnt und mit X endet." Die Aktie mit der besten Performance wäre wohl stets Xerox. Sie können natürlich nach der X-Strategie investieren oder nach den Sternen und den Tipps des Astrologen Ihres Vertrauens oder nach irgendwelchen Kopf-Schulter-Formationen aus der Charttechnik. Erfolgreich werden Sie damit aber sicher nicht. Wie definiere ich erfolgreich?

Eine Investmentstrategie, mit der Anleger in zwei Dritteln der Fälle, also zu 66,6 Prozent, richtigliegen, kann als Erfolgsrezept bezeichnet werden. Eine hundertprozentige Trefferquote haben nicht einmal Börsenstars wie Buffett, Greenblatt oder Lynch. Und das geben sie im Übrigen auch offen zu. Kein Modell ist perfekt. Was alle Stars vereint, ist: Sie sind ihrem System treu und investieren nach fundamentalen Kriterien. Einige Investoren wie Zweig oder O'Shaughnessy greifen dazu noch auf Trendfolge-Indikatoren zurück. (Reine, klassische Charttechnik betreibt jedoch keiner.)

Als Autor hoffe ich, dass keiner der Börsenstars vor der Veröffentlichung meines Buches verstirbt. Das wäre unglücklich und natürlich obendrein traurig. Die Stars vereint nämlich auch ein gewisses Alter.

Alle Börsenstars sind langfristig erfolgreich – und wissen um den Zinseszinseffekt. Geduld ist die oberste Tugend des Investors, hat Graham einmal gesagt. Keiner verspricht Reichtum über Nacht. Keiner von ihnen sieht die Welt untergehen. Wenn sich einer der in meinem Buch vorgestellten Börsenstars in den Medien zu Wort meldet, dann in der Regel mit einem Statement dazu, dass der Aktienmarkt stark überbewertet oder deutlich unterbewertet ist, oder vielleicht noch zu einem einzelnen Titel.

Die Top-Investoren beschäftigen sich mehr oder weniger Tag und Nacht mit den Finanzmärkten. Das soll nicht heißen, dass sie täglich handeln. Im Gegenteil, keiner von ihnen handelt besonders häufig. Dagegen lesen alle viel. Ich würde sogar so weit gehen zu behaupten, wer nicht gerne liest und damit schlussendlich keine Lust zu haben scheint, sich weiterzubilden, der wird an der Börse keinen Erfolg haben. Leicht verdientes Geld gibt es nicht. Kopierbar sind die Großen für uns Kleinanleger aber. Denn die Börsenstars sind allesamt eher Workaholics als Genies. Und machen wir uns nichts vor: Alle Börsenstars kommen aus intakten, gebildeten und wohlhabenden Familien und haben eine erstklassige Ausbildung genossen. Tellerwäscher war niemand.

Parallelen in den Lebensläufen sind dagegen wohl eher zufällig. Sowohl Graham als auch Lynch und Zweig verloren ihre Väter in frühen Jahren. Sowohl Buffett als auch Lynch kauften als Jugendliche ihre ersten Aktien. Greenblatt und Graham haben jüdische Wurzeln. O'Higgins,

O'Neil und O'Shaughnessy könnten irische Vorfahren haben. Dreman, Fisher und Graham schrieben oder schreiben Artikel für *Forbes*. Mal bekamen die Stars einen Spitznamen, mal ihre Strategie einen solchen, mal traf auch keines von beiden zu.

Alle zwölf Nordamerikaner noch einmal im Überblick

Börsenstar	geb. – gest.	Unternehmen	Spitzname oder Strategiename
Benjamin Graham	1894 – 1976	Graham-Newman	Dean of Wall Street (Dekan)
Warren Buffett	1930	Berkshire Hathaway	Orakel von Omaha
Michael O'Higgins	1947	O'Higgins Asset Management	Dogs of the Dow
Joel Greenblatt	1957	Gotham Capital	Magic Formula (Zauberformel)
John Neff	1931	Wellington Management, Vanguard	Vanguard Windsor Fonds
Peter Lynch	1944	Fidelity Investments	Chamäleon, Fidelity Magellan Fonds
Ken Fisher	1950	Fisher Investments	„Forbes"-Kolumne Portfolio Strategy
William O'Neil	1933	William O'Neil + Co.	CAN-SLIM-Strategie
James O'Shaughnessy	1960	O'Shaughnessy Asset Management	Cornerstone Value/ Growth Strategie
Martin Zweig	1942 – 2013	The Zweig Forecast	Crashprophet (1987)
David Dreman	1936	Dreman Value Management	The Contrarian („Forbes"-Kolumne)
Anthony Gallea	1949	Pelican Bay Group, Morgan Stanley	–

Stand: 1.3.2016

Bei den Erfolgsrezepten gibt es nicht nur gemeinsame Nenner, sondern auch krasse Gegensätze: Lynch sucht Unternehmen, die institutionellen Anlegern noch gar nicht bekannt sind. O'Neil bevorzugt Unternehmen, an denen mindestens 25 institutionelle Investoren Anteile halten. Er sucht Aktien mit einer guten Story, mit neuen Produkten oder neuen Diensten. Lynch rät zu Aktien, deren Namen komisch und langweilig klingen. Der antizyklische Investor Gallea wiederum setzt auf Aktien, die 50 Prozent an Wert verloren haben müssen, während Trendfolger wie O'Shaughnessy oder auch Lang Aktien kaufen, die bereits deutlich an Wert zugelegt haben.

Schaut man sich die Rezepte etwas genauer an und beginnt sie miteinander zu vergleichen, sind schnell Lieblingskennzahlen aller Börsenstars und einzelner ausgemacht. Eigentlich hat es mich nicht überrascht: Das bei Privatanlegern so beliebte Kurs-Gewinn-Verhältnis, kurz KGV, findet bei vielen der erfolgreichen Börsenstars weniger Beachtung als vielleicht angenommen. Buffett, O'Higgins, Greenblatt, Fisher, O'Neil, O'Shaughnessy und damit die Hälfte der zwölf Börsenstars verwenden das KGV überhaupt nicht. Bei Buffett kann es als ein Verkaufssignal eine Rolle spielen, wenn das KGV größer oder gleich 40 ist, mehr aber auch nicht. Auch Lynch begrenzt seine Auswahl nach oben bei 40. Zweig deckelt das KGV bei 43 und sucht Aktien mit einem KGV von größer als 5 oder 10, aber kleiner als das Dreifache des Marktdurchschnitts.

Neff, als „Low-PE-Investor" bekannt, definiert ein niedriges KGV nicht anhand eines absoluten Wertes, sondern ausschließlich am Marktdurchschnitt. Sein Ideal-KGV soll 40 bis 60 Prozent unter dem Mittelwert liegen. Nach Dremans Geschmack sollte das KGV größer als 8 und kleiner 14 bis 16 sein sowie sich unter den niedrigsten 40 Prozent des Marktes befinden. Für Contrarian Gallea ist das KGV nur ein Nebenkriterium und sollte gegebenenfalls kleiner als 12 sein. Altmeister Graham gab einmal eine Obergrenze von 15 für das KGV vor.

Beliebtes Kurs-Gewinn-Verhältnis?

Börsenstar	Kauf	Verkauf
Graham	< 15	≥ 15
Buffett	–	≥ 40
O'Higgins	–	–
Greenblatt*	niedriges KGV	< 5
Neff	< 40 bis 60 % des Markt-KGV	> 40 bis 60 % des Markt-KGV
Lynch	–	> 40
Fisher	–	–
O'Neil	–	–
O'Shaughnessy	–	–
Zweig	> 5 bis 10; < 3 x Markt-KGV	> 43; > 3 x Markt-KGV
Dreman	> 8; < 14 bis 16; = niedrigsten 40 % (4. Dezil)	> 14 bis 16
Gallea**	< 12	≥ 12

*nur als Alternative für die Gewinnrendite; **nur als Nebenkriterium

Das dynamische KGV (PEG) benutzt ausschließlich Lynch. Fast genauso exotisch ist das von mir bevorzugte Kurs-Umsatz-Verhältnis, kurz KUV. Fisher und O'Shaughnessy setzen es anstelle des KGV ein. Beide definieren ein KUV von unter 1,5 als wünschenswert. Handelt es sich nach Fishers Definition um eine Superaktie, ist ein KUV von weniger als 0,75 zwingend. Gallea definiert ein KUV von unter 1,0 als attraktiv, allerdings ebenfalls nur als Nebenkriterium.

Während das Kurs-Gewinn-Verhältnis für viele der Top-Investoren uninteressant ist, scheint das Gewinnwachstum für fast alle wichtig. Graham beispielsweise wollte hier 30 Prozent in den vergangenen zehn Jahren sehen. Für Buffett ist ausschlaggebend, dass der Gewinn je Aktie in den vergangenen zehn Jahren stets gegenüber dem Vorjahr gewachsen ist. Neff hat seine ganz eigene Formel entwickelt und setzt das Gewinnwachstum je Aktie und die Dividende ins Verhältnis zum KGV.

Lynch wiederum favorisiert wachstumsstarke Unternehmen, deren Gewinn pro Jahr um 20 bis 25 Prozent zulegt. Fisher definiert als Schwelle 15 Prozent Minimumwachstum pro Jahr.

Die Ausschüttung von Gewinnen ist naturgemäß O'Higgins bei seiner Dividendenstrategie wichtig. Aber auch Graham gab eine 20 Jahre ununterbrochene Dividende vor. Neff, Lynch und Dreman bevorzugen eine Dividendenrendite, die überdurchschnittlich ist. Die Eigenkapitalrendite ist ein Maßstab, den nicht nur Greenblatt als Teil seiner Zauberformel für sich entdeckt hat. Greenblatt zufolge sollte sie größer als 25 Prozent sein. Dreman schließt sich dem an, während O'Neil von 15 bis 17 Prozent als Minimum spricht. Zweig wiederum definiert als Bedingung eine Eigenkapitalrendite, die über der des Durchschnitts liegt.

Der Verschuldungsgrad sollte bei Dreman und Zweig unter dem Durchschnittswert der jeweiligen Branche liegen. Auf die Relative Stärke achten wiederum O'Shaughnessy und O'Neil und im Prinzip auch Lang und Levermann. Daten zu Insidertransaktionen machen sich schließlich Gallea und Zweig zunutze.

Sie kennen den Spruch, Sie sollten nur in Aktien von Unternehmen investieren, deren Produkte und deren Geschäftsmodell Sie verstehen. Das lässt sich auch auf Anlagestrategien münzen. Sie sollten eines der hier vorgestellten Erfolgsrezepte nur anwenden, wenn Sie dessen Funktionsweise im Detail verstanden haben. Ganz gleich, welches Rezept Ihnen zum persönlichen Erfolg verhilft: Suchen Sie sich eines aus, das zu Ihrer Persönlichkeit passt. Vielleicht finden Sie sich ja in einem der Börsenstars wieder.

Epilog

Sie haben nun insgesamt Erfolgsrezepte von 15 äußerst erfolgreichen Investoren kennengelernt. Ich persönlich handhabe das so: Ich verfolge mit einem Depot eine Strategie, die der von James O'Shaughnessy und vielleicht Uwe Lang ähnelt. Bei einem anderen Depot orientiere ich mich momentan an Benjamin Grahams Erkenntnissen und Warren Buffetts Methode, behalte aber auch Michael O'Higgins' Ansatz stets im Hinterkopf. Flexibel wie ein Chamäleon. Sollten die Märkte nach unten rauschen, ist sicherlich Galleas Rezept meine bevorzugte Wahl. Von Martin Zweig kann ich mir einige Timing-Ideen abschauen. Durch Ken Fisher bin ich in der Verwendung des Kurs-Umsatz-Verhältnisses bestärkt worden. So oder so ähnlich wird es Ihnen vermutlich auch (irgendwann) gehen. Doch Vorsicht: Allzu viele Köche können den Brei auch verderben. Sie können natürlich einfach nur einem Börsenstar und dessen Erfolgsrezept nacheifern, vielleicht werden Sie aber auch zum nächsten Börsenstar, wenn Sie – angeregt durch mein Buch – Ihr eigenes Konzept entwickeln.

Wenn ich einen gemeinsamen Nenner benennen sollte, dann ist es doch immer der erfolgreiche Marktführer, den wir alle suchen. Der eine Anleger setzt auf den Marktführer von morgen, der nächste auf den zwischenzeitlich vergessenen und fälschlicherweise abgestraften Marktführer und der nächste Investor erkennt im aktuellen Marktführer auch den der Zukunft.

Während einige Börsenstars der Crash von 1929 geprägt hat, waren es bei anderen die „Nifty Fifty" oder 1987. Meine Generation sah sich mit der Dotcom-Blase und der Finanzkrise konfrontiert. Das hinterlässt zwangsläufig seine Spuren, ob nun bewusst oder unbewusst. Meiner Meinung nach gibt es aber nichts Besseres als die eigene Erfahrung, die man an der Börse gesammelt hat. Dieses Lehrgeld ist es, was später den Unterschied ausmacht. Sie können jede Strategie testen und werden die Ergebnisse doch nicht zu 100 Prozent für voll nehmen und zweifeln. Haben Sie die Resultate am eigenen Portemonnaie gespürt, werden Sie sich immer an Ihre Strategie erinnern. Ich wünsche Ihnen nun viel Erfolg an der Börse und viel Spaß beim Umsetzen der Rezepte.

Noch ein Hinweis in eigener Sache: In Kürze startet mein neuer Börsenbrief, bei dem ich die Erfolgsrezepte der Börsenstars anwenden werde. Mehr Informationen dazu finden Sie im Internet unter *www .boersianer.info*. Sie können mir auch in den sozialen Netzwerken folgen unter *www.facebook.com/boersianer.info, www.twitter.com/boersianer_info* und *www.youtube.com/user/boersianerinfo*.

Ihr Ulrich W. Hanke